Holger Wendland

99 dreiste Steuertricks: legal – illegal?

99 dreiste Steuertricks: legal – illegal?

von
Dipl.-Finanzwirt, Steuerberater
Holger Wendland

wrs Verlag

Die Deutsche Bibliothek – CIP-Einheitsaufnahme

Wendland, Holger:
99 dreiste Steuertricks: legal – illegal. – 1. Aufl., – Planegg : WRS Verl., 1999
ISBN 3-80921-391-8

ISBN 3-8092-1391-8

Bestell-Nr. 03345

Mat.-Nr. 03345-0001

1. Auflage

Postanschrift: Postfach 13 63, 82142 Planegg
Hausanschrift: Fraunhoferstraße 5, 82152 Planegg
Telefon (0 89) 8 95 17-0, Telefax (0 89) 8 95 17-2 50
T-Online: *haufe#, Internet: http://haufe.de
E-Mail: redaktion-steuern@haufe.de, CompuServe: 1001172260

Satz: Satzstudio »Süd-West« GmbH, 82166 Gräfelfing
Druck: Schoder Druck GmbH, 86368 Gersthofen

Inhaltsverzeichnis

„Falschheit darf nicht über Recht gehen“

Dieses alte Rechtssprichwort ist im heutigen Steuerrecht aktueller denn je. Wenn auch die Kompliziertheit des Steuerrechts manches dazu beiträgt, das zur Steuerverdrossenheit führt, soll und darf das Handeln eines einzelnen und erst recht einer Gesamtheit nicht dazu führen, daß das Recht gebeugt wird. Denn letztendlich muß der Fiskus auch die voraussichtlichen Steuerverluste im Rahmen seiner Haushaltskalkulationen einplanen, was wiederum zu höheren Steuerbelastungen führt und seinerseits wiederum den „Sportsgeist“ des Steuerzahlers weckt. Eine drohende endlose Spirale nimmt ihren Anfang …

Wie vermeintlich geschickt mancher Zeitgenosse dabei vorgeht, zeigen die nachfolgenden „99 miesesten Steuertricks“. Sie mögen jedem Nutzer zu Warnung dienen, daß zwischen Wahrheit und Falschheit es oftmals nur ein schmaler Grad ist – ein schmaler Grad der zu Lasten des Rechts nie überschritten werden sollte.

Mein besonderer Dank für gute und unermüdliche Mitarbeit auch an diesem Buch gilt meiner Frau, die mit großem Verständnis und Zeitopfer den beruflichen Wünschen Ihres Mannes immer wieder neue Ambitionen gibt. Gleichermaßen Dank gilt Herrn Dipl.-Finanzwirt (FH) cand. Jur. Dominik Thomer, der neben seinem in Regelstudienzeiten ablaufendem Jurastudium mit ausgesprochen guten Leistungen immer noch Zeit findet, mich fachlich zu unterstützen – so auch bei diesem Projekt.

Düsseldorf, Juni 1999 Holger Wendland

1. Bewirtungsaufwendungen

Felix Schlaumeyer ist es gerade noch rechtzeitig eingefallen, daß heute sein 20. Hochzeitstag ist. Hatte er doch schon letztes Jahr diesen Familientag „verschlafen“, wollte er sich dieses Jahr besondere Mühe geben, war es dieses Jahr doch auch noch eine runde Zahl: 2 Jahrzehnte Ehe mit seiner Elsbeth! Zur Vorbereitung des Festtags hatte Felix Schlaumeyer in den letzten Tagen bereits Kontakt mit den ehemaligen Trauzeugen aufgenommen, sollten sie doch auch an dieser Freude teilhaben, und außerdem hatte man sich auch so schon lang genug nicht mehr gesehen. Mit den Obermeiers sah man sich regelmäßig, ist Anton Obermeier doch schließlich auch Berufskollege, und schon hier ergaben und ergeben sich immer wieder hinreichend Kontakte sowohl im beruflichen als auch im privaten Bereich. Von den Hintermosers, Karl und Rosi, hatte man schon seit einigen Jahren nichts mehr gehört, geschweige denn gesehen. So hatte Felix Schlaumeyer kurzer Hand in einem der besten Lokalitäten einen Tisch für sechs Personen reserviert, seine ehemaligen Trauzeugen eingeladen und seiner Elsbeth gegenüber alles geheim gehalten, sollte es doch die Überraschung zum 20. Hochzeitstag werden.

Natürlich wollte Felix Schlaumeyer auch den Fiskus zu diesem Abend einladen. Sollte der Fiskus sich doch mit einer opulenten Steuerersparnis für Schlaumeyers beteiligen. Felix ließ sich daher vom freundlichen Oberkellner eine ordnungsmäßige Bewirtungsrechnung geben. Noch vor Ort füllte Felix Schlaumeyer den gesetzlich geforderten Nachweis über die angebliche geschäftliche Bewirtung mit allen nötigen Angaben aus. Als Anlaß der Bewirtung gab Felix Schlaumeyer „zukünftige geschäftliche Zusammenarbeit“ an. Selbstverständlich trug er in den Bewirtungsnachweis den durch das Trinkgeld großzügig gerundeten Rechnungsbetrag als Aufwand ein. So fand auch dieser Abend als betrieblich veranlaßter Abend durch die Rechnung dokumentiert Einlaß in das betriebliche Rechnungswesen. Immerhin „an Speisen und Getränken“ war für die sechs ihre Wiedersehensfreude Feiernden 527 DM zusammengekommen, und Schlaumeyer hatte diesen Rechnungsbetrag großzügig auf 550 DM gerundet. Bei seiner Spitzensteuersatzbelastung von 53 % zzgl. Kirchensteuer und Solidaritätszuschlagsbelastung sollte sich der

Fiskus somit mit rund 350 DM an diesem vergnüglichen privaten Abend beteiligen – der „private Eigenanteil" betrug somit nur 200 DM!

Fazit:
Felix Schlaumeyer hat bewußt falsche Angaben im Rahmen des Ausfüllens des amtlichen Nachweises über die betriebliche Veranlassung der Bewirtungsaufwendungen getätigt. Er hat privat veranlaßte Aufwendungen, die den Kosten der privaten Lebensführung zuzuordnen sind, mit Wissen und Wollen als solche mit betrieblicher Natur erklärt. Solch bewußt falsch getätigten Angaben stellt das Steuerstrafrecht unter Strafe, da Schlaumeyer in Höhe von rund 350 DM Steuern hinterzogen hat. Das Feiern des Hochzeitstages stellt eine ausschließlich private Veranlassung dar, die auch nicht dadurch zu einer betrieblichen Veranlassung wird, daß er seinen Berufskollegen Obermeier mit einlädt, mit dem er gelegentlich geschäftlichen Kontakt hat. Die Tatsache, daß er sich ggfs. im Rechtsirrtum befand, kann ihn auch aufgrund der Offensichtlichkeit nicht rechtfertigen.

Auch das „Kavaliersdelikt" des falschen Ausfüllens von Nachweisen zur betrieblichen Veranlassung von Bewirtungskosten führt zum Delikt der Steuerhinterziehung, derer sich Schlaumeyer vorliegend strafbar gemacht hat.

2. Fahrten Wohnung – Arbeitsstätte

August Adler ist einfacher Arbeiter im Lager eines Pkw-Zulieferbetriebes. Gerne macht er von der vom Arbeitgeber angebotenen Möglichkeit Gebrauch, und läßt sich monatlich ein Ticket für die Nutzung von öffentlichen Verkehrsmitteln zur Bewältigung der Strecke zwischen Wohnungsort und Arbeitsstätte bezuschussen.

Im übrigen findet er es auch sehr entspannend, morgens auf der eigens vorgesehenen Busspur an den stehenden Blechlawinen gemütlich und stressfrei vorbeirollen zu können. Wenn er mit seinem eigenen Pkw fährt, hat er lediglich einen Zeitvorteil von zehn Minuten.

Bei der Erstellung seiner persönlichen Einkommensteuererklärung schlägt er jedoch einen vollkommen anderen Weg ein: Statt sich mit dem Arbeitnehmerfreibetrag zufrieden zu geben, behauptet er durch Eintragungen in die entsprechend dafür vorgesehenen Kästchen, mit seinem eigenen Pkw an 230 Arbeitstagen die 37 Kilometer weite Strecke zur Arbeitsstätte bewältigt zu haben. Der zuständige Sachbearbeiter des Finanzamts veranlagt August Adler erklärungsgemäß, da es ihm nicht ungewöhnlich erscheint, daß August Adler bei dieser Strecke – wie hunderte andere Arbeitnehmer dieses Pkw-Zulieferbetriebes – den eigenen Pkw benutzt.

Fazit:
August Adler gibt in seiner Einkommensteuererklärung vor, daß er zur Bewältigung der Strecke von seinem Wohnort zur Arbeitsstätte seinen eigenen Pkw arbeitstäglich benutzt habe. Tatsächlich hat er jedoch öffentliche Verkehrsmittel in Anspruch genommen, deren tatsächliche Kosten aufgrund des Zuschusses des Arbeitgebers weit unter den durch Ansatz der Pkw-Kosten liegenden Werbungskosten verbleiben.

In Höhe der auf diese Werbungskosten entfallenden Einkommensteuerbeträge kommt es hierdurch zu einer Steuerverkürzung. August Adler hat die Falschangaben in seiner Steuererklärung absichtlich und damit vorsätzlich vorgenommen, um eine höhere Steuererstattung zu erzielen. Daher hat er sich wegen Steuerhinterziehung strafbar gemacht.

3. Fahrtenbuch

Bodo Bleifuß ist Vertreter für Autoreifen eines großen koreanischen Reifenherstellers. Sein Einzugsgebiet umfaßt Süddeutschland. Da er aus Repräsentationszwecken der Firma, für die er tätig ist, einen Pkw mit Breitreifenbedarf fährt, führte die Anwendung der sogenannten 1 %-Regelung bei ihm zu hohen geldwerten Vorteilen mit der Folge einer hohen Lohnsteuerbelastung. Daher führt Bodo Bleifuß freiwillig für steuerliche Zwecke ein Fahrtenbuch. Des weiteren hat er auch darum gebeten, daß sein Arbeitgeber ihm offiziell die Privatnutzung des zur Verfügung gestellten Pkws untersagt. Lediglich für Fahrten zwischen Wohnung und Arbeitsstätte ist ihm die Nutzung gestattet. Tatsächlich billigt die Reifenfirma Bodo Bleifuß zu, daß er zu Lasten der ihm zur Verfügung gestellten Tankkarte den Pkw auch für private Zwecke nutzen darf. „Das mit dem Fahrtenbuch werden Sie wohl schon hinkriegen!" Folglich fährt Bodo Bleifuß schon mal gerne spontan je nach Wetter und Schneelage mit seiner Familie übers Wochenende zum Wintersport nach Garmisch-Partenkirchen. Auch ansonsten kommt es durchaus vor, daß er morgens seine Kinder zur Schule fährt oder auch bei Familientreffen gerne mal zeigt, was er seinem Arbeitgeber wert ist. Das Fahrtenbuch fälscht er indes professionell unter Angabe angeblicher Geschäftstermine. Da Bodo Bleifuß offiziell nicht zur privaten Nutzung befugt ist, nimmt der Arbeitgeber nach Maßgabe des Fahrtenbuches nur eine Versteuerung der Fahrten zwischen Wohnung und Arbeitsstätte vor.

Fazit:

Bodo Bleifuß nutzt einen ihm zur Verfügung gestellten Dienstwagen auch für private Zwecke. Entgegen der tatsächlich gefahrenen privaten Kilometer führt er ein Fahrtenbuch mit ausschließlich betrieblichen Terminen. Auf Grundlage dieses falschen Fahrtenbuchs nimmt sein Arbeitgeber keine Lohnversteuerungen der privaten Nutzbarkeit des Pkws vor. Hierdurch kommt es in Höhe der im Rahmen einer Versteuerung des Privatanteils zu erfolgenden Steuerfestsetzung zu einer Steuerverkürzung. Durch die Fälschung des Fahrtenbuchs ist ein Vorsatz des Bodo Bleifuß eindeutig zu bejahen. Somit hat sich Bodo Bleifuß wegen Steuerhinterziehung strafbar gemacht. Da der Arbeitgeber um die tatsächlich durchgeführten Privatfahrten wußte, hat er sich ebenfalls wegen Steuerhinterziehung strafbar gemacht.

4. Pkw ins Betriebsvermögen nehmen – über 50 % beruflich genutzt?

Dr. Ulrich Plauder ist seit Jahren als Notar tätig. Er betreibt seine Kanzlei im Erdgeschoß eines Zweifamilienhauses, in dem er die Räume des Obergeschosses selbst bewohnt. Selbstverständlich unterhält er auch einen für einen Notar standesgemäßen Pkw, den er im Betriebsvermögen hält.
Die private Nutzung seines Vehikels versteuert er unter Zugrundelegung der Vereinfachung der sogenannten 1 %-Regelung. Tatsächlich geschieht es aber sehr selten, daß sich der Notar Dr. Ulrich Plauder höchstpersönlich einmal zu einem Mandanten oder auch zu einem sonstigen Auswärtstermin, wie z.B. zum Grundbuchamt, begibt.

Vielmehr nutzt er den Pkw in Wirklichkeit weit über 75 % für überwiegend private Zwecke. In seinen Steuererklärungen beharrt er auf der für ihn günstigen 1 %-Regelung. Das Finanzamt ist bis dato diesen Angaben gefolgt.

Fazit:
Notar Dr. Ulrich Plauder versteuert die private Nutzung seines Pkws nach der 1 %-Regelung. Fraglich erscheint hier, ob die 1 %-Regelung überhaupt zutreffend zur Anwendung gelangt ist. Voraussetzung hierfür wäre, daß ein Pkw zumindest zu 50 % für betriebliche Zwecke genutzt wird. Indem der Notar Dr. Ulrich Plauder seine Kanzlei in demselben Haus betreibt, in dem er auch wohnt, fallen bei dieser Berechnung schon bereits betrieblich veranlaßte Aufwendungen für Fahrten zwischen Wohnung und Kanzlei weg.

Des weiteren geht er persönlich kaum Auswärtsterminen nach. Daher liegt die betriebliche Nutzung des Pkws schon bei überschlägiger Betrachtung unterhalb von 50 %. Somit scheidet eine Anwendung der 1 %-Regelung aus. Als Folge der bisher geltend gemachten Anwendung kommt es in Höhe der Differenz zwischen der Versteuerung des Privatanteils und den geltend gemachten Kfz-Kosten entsprechend der hierauf entfallenden Einkommensteuer zu einer Steuerverkürzung.

Es kann davon ausgegangen werden, daß Notar Dr. Ulrich Plauder, dem schließlich der betriebliche Umfang seiner Fahrten bekannt ist, zumindest die Möglichkeit einer Steuerhinterziehung billigend in Kauf nahm, so daß Vorsatz vorliegt. Somit hat sich Notar Dr. Ulrich Plauder wegen Steuerhinterziehung strafbar gemacht.

5. Arbeitszimmer

Dr. Erwin Specht ist Gymnasiallehrer. Zusammen mit seiner Ehefrau Gudrun und seinen drei Kindern bewohnt er eine Fünfzimmerwohnung. Hierin teilen sich die beiden jüngsten Kinder ein Zimmer, so daß Dr. Erwin Specht noch ein Raum als „Arbeitszimmer“ verbleibt.

Tatsächlich führt Dr. Erwin Specht auch in diesem Zimmer seine Unterrichtsvor- und -nachbereitungen durch. Während der Arbeitszeit in der Schule nutzt die Ehefrau Gudrun Specht das Arbeitszimmer ihres Mannes heimlich, um darin zu bügeln. Des weiteren steht hier auch der zweite Fernseher der Familie. Wenn Kontroversen über das zu wählende Fernsehprogramm bestehen, wird durchaus öfters in das Arbeitszimmer ausgewichen. Außerdem steht in dem Arbeitszimmer ein Schlafsofa, das regelmäßig vom Besuch genutzt wird.

Im Rahmen seiner Einkommensteuererklärung macht Dr. Erwin Specht anteilige Kosten des Arbeitszimmers als Werbungskosten bei seinen Einkünften aus nicht selbständiger Arbeit in Höhe von 2.400 DM geltend. Hierbei gibt er an, daß das Arbeitszimmer ausschließlich zu seinen eigenen beruflichen Zwecken genutzt wird. Daraufhin veranlagt das Finanzamt erklärungsgemäß die Einkommensteuer der Eheleute Specht.

Fazit:
Dr. Erwin Specht macht Werbungskosten für ein häusliches Arbeitszimmer geltend. Fraglich ist hierbei, ob die für den Werbungskostenabzug notwendige fast ausschließliche berufliche Nutzung nicht durch private Nutzungen beeinträchtigt wird.

Für sich genommen ist keine der aufgezählten drei privaten Nutzungen so gravierend, als daß ein Werbungskostenabzug in jedem Fall zu versagen wäre. Lediglich das Zusammentreffen der drei privaten Nutzungen von Bügeln durch die Ehefrau in Zeiten der Abwesenheit ihres Mannes, ausnahmsweise Benutzung als Fernsehzimmer oder die Unterbringung von Gästen führen allerdings in der Summe betrachtet dazu, daß eine private Mitbenutzung des Arbeitszimmers nicht mehr nur von untergeordneter Bedeutung ist.

Da eine Trennung zwischen beruflicher und privater Nutzung nicht leicht und einwandfrei erfolgen kann, ist insgesamt der Werbungskostenabzug der anteiligen Arbeitszimmerkosten zu versagen. Somit ist in Höhe der auf die Kosten des Arbeitszimmers entfallenden Einkommensteuerbeträge eine Steuerverkürzung eingetreten.

Indem Dr. Erwin Specht wußte, daß sein häusliches Arbeitszimmer nicht ausschließlich beruflich genutzt wird, hat er zumindest billigend in Kauf genommen, daß ein ungerechtfertigter Abzug zu einer Steuerverkürzung führen könnte. Somit hat sich Dr. Erwin Specht wegen Steuerhinterziehung strafbar gemacht.

6. Kosten eigener Immobilie als Aufwand einer Mietimmobilie

Ingo Bauer ist stolzer Besitzer zweier Häuser. Eines hat er als Diplom-Bauingenieur selbst entworfen und nach seinen Vorstellungen errichten lassen, und eines hat er geerbt. Bei der geerbten Immobilie handelt es sich um ein Vierfamilienhaus von 1973. Ständig fallen irgendwelche Reparaturen und Instandsetzungsarbeiten an. Um sich jedoch von den damit verbundenen zeitlichen Belastungen zu lösen, hat Ingo Bauer einen Hausverwalter mit der Erledigung beauftragt. Auch wenn er sein eigenes Haus selbst entworfen hat, ist Ingo Bauer als Diplom-Bauingenieur Opfer von „Pfusch am Bau" geworden: lösen sich doch am Dach bereits einzelne Dachpfannen. Um nicht im bevorstehenden Herbst im Nassen zu sitzen, beauftragt Ingo Bauer einen befreundeten Dachdeckermeister mit der Behebung des Mangels. Dabei vereinbaren sie allerdings, daß als Reparaturanschrift nicht diejenige der zu eigenen Wohnzwecken genutzten Immobilie von Ingo Bauer, sondern diejenige der geerbten und vermieteten Immobilie angegeben wird. Da der Dachdeckermeister darum bangt, daß er im Falle eines Nichtbefolgens keine weiteren Aufträge von Ingo Bauer erhält, fügt er sich. Im Rahmen der Erstellung der Einkommensteuererklärung setzt Ingo Bauer ohne mit der Wimper zu zucken die Rechnung über die Behebung des Mangels am Dach seines eigenen Hauses aufgrund der Zuordnung zu der vermieteten Immobilie bei dieser auch als Erhaltungsaufwendungen an. Die Dachdeckerrechnung hatte immerhin 25.000 DM betragen. Im Rahmen einer Betriebsprüfung bei dem Dachdeckermeisterbetrieb wird aufgrund von Einsatzplänen festgestellt, daß die Reparaturanschriften nicht identisch sind.

Fazit:

Ingo Bauer macht aufgrund einer so lautenden Rechnung im Rahmen seiner Einkommensteuererklärung Werbungskosten bei den Einkünften aus Vermietung und Verpachtung der vermieteten Immobilie geltend, obwohl die Kosten tatsächlich zur Behebung eines Schadens an seiner eigengenutzten Immobilie angefallen sind. Hierdurch kommt es zu einer Steuerverkürzung in Höhe der auf die Erhaltungsaufwendungen von

25.000 DM entfallenden Einkommensteuerbeträge. Ein Vorsatz des Ingo Bauer liegt bezüglich dieser Steuerverkürzung eindeutig vor. Somit hat sich Ingo Bauer wegen Steuerhinterziehung strafbar gemacht. Der Dachdeckermeister hat sich ebenfalls wegen des ihm bekannten Zwecks bei der Ausstellung einer falschen Reparaturanschrift zumindest wegen Beihilfe zur Steuerhinterziehung strafbar gemacht. Eine Angst um den Verlust eines potentiellen Auftraggebers kann dieses Verhalten nicht rechtfertigen. Der öffentlich-rechtliche Steueranspruch überwiegt stets das privatrechtliche Interesse des Dachdeckermeisters, zukünftige Aufträge zu erlangen.

7. Hobby zum Unternehmen machen

Michelle Müller ist eine begeisterte Frankreichurlauberin. Nach Jahren der teuren Wohnmobilmiete bei diversen Veranstaltern hat sie beschlossen, ein eigenes Wohnmobil anzuschaffen. Dieses nutzt sie auch sechs Wochen im Jahr, um ihrer Urlaubsleidenschaft nachzukommen, und in Südfrankreich mal hier mal dort – je nach Lust und Laune – spontan residieren zu können. Damit das Wohnmobil die übrige Zeit nicht „im Regen steht", beschließt Michelle Müller, dieses zunächst im Bekanntenkreis und dann auch über eine Agentur an weitere wohnmobilbegeisterte Menschen zu Urlaubszwecken zu vermieten. Dennoch decken alle auf diesem Weg erzielten Einnahmen nicht die laufenden Kosten des Unterhalts des Wohnmobils. Für Michelle Müller ist mit den Einnahmen aus der Vermietung des Wohnmobils auch mehr „ein Tropfen auf den heißen Stein" verbunden. Über die Kehrseite dieser Vermietung ist Michelle Müller durchaus begeistert: Geht sie doch jetzt her und erklärt gewerbliche Einkünfte aus der Vermietung ihres Wohnmobils, und sind diese doch voraussichtlich auf ewig negativ, können sie mit ihren übrigen positiven Einkünften verrechnet werden. Aufgrund der hierbei erzielbaren Steuererstattung kann Michelle Müller sogar einmal „die eine oder andere Flasche Wein mehr aus Südfrankreich mitbringen!" Als Michelle Müller vom Finanzamt einen Fragenkatalog zum Thema der sogenannten Liebhaberei erhält, beantwortet sie absichtlich wahrheitswidrig die Frage nach einem erzielbaren Totalgewinn positiv. In Wirklichkeit weiß Michelle Müller jedoch, daß sie tatsächlich niemals durch die Einnahmen aus der Vermietung ihres Wohnmobils an Dritte zu einem jährlichen Gewinn oder auch zu einem über Jahre betrachteten Totalgewinn aus der Vermietung des Wohnmobils gelangen wird. Das Finanzamt glaubt den Angaben der Michelle Müller und setzt einen endgültigen Steuerbescheid nach Maßgabe der eingereichten Einkommensteuererklärung fest.

Fazit:
Michelle Müller hat bei der Anfrage des Finanzamtes wahrheitswidrig behauptet, durch die Vermietung ihres Wohnmobils in absehbarer Zeit

einen Gewinn oder auch bei Aufgabe ihrer Vermietungstätigkeit einen Totalgewinn realisieren zu können. Hätte sie diese Angaben gegenüber dem Finanzamt wahrheitsgemäß gemacht, wären die Verluste aus der Vermietung des Wohnmobils wegen sogenannter Liebhaberei steuerlich nicht anerkannt worden. Somit hat die wahrheitswidrige Beantwortung zu einer Steuerverkürzung in Höhe der auf den Verlust aus der Vermietung des Wohnmobils entfallenden Einkommensteuerbeträge geführt. Diesbezüglich handelte Michelle Müller auch wegen der wahrheitswidrigen Auskunft gegenüber dem Finanzamt vorsätzlich. Somit hat sich Michelle Müller wegen Steuerhinterziehung strafbar gemacht.

8. Ehegattenarbeitsverhältnis

Eugen Spalt ist angestellter Pharmavertreter eines großen deutschen Pharmakonzerns. Für diesen Konzern betreut er das Einzugsgebiet Nord-West-Deutschland. Da er oft über Tage unterwegs ist, öffnet seine Ehefrau Doris zu Hause die an ihn adressierte Post und teilt ihm daraufhin jeweils telefonisch die neuesten Geschehnisse mit. Des weiteren kontrolliert sie im Laufe des Tages mehrfach das Faxgerät nach weiteren eingehenden Dokumenten. Im übrigen unternimmt sie kleinere Besorgungen an Büromaterial und nimmt auch zeitweilig bei Abwesenheit von Eugen Spalt Anrufe für ihn entgegen. Hierfür zahlt Eugen Spalt seiner Ehefrau Doris pauschal 200 DM pro Monat. Ein schriftlicher Arbeitsvertrag existiert nicht. Des weiteren haben sie vereinbart, daß Doris Spalt „die 200 DM monatlich aus dem Haushaltsgeld nehmen soll!" Im Rahmen seiner Einkommensteuererklärung macht der Pharmavertreter Eugen Spalt erfolgreich „Sekretariatskosten" in Höhe von 2.400 DM geltend. Auf der Lohnsteuerkarte seiner Ehefrau trägt sich Eugen Spalt als Arbeitgeber ein und bescheinigt den an seine Ehefrau gezahlten Bruttoarbeitslohn in Höhe von 2.400 DM in der Zeit vom 1.1.–31.12. Bei der Festsetzung der Einkommensteuer verbleiben somit für die Ehefrau Doris Spalt nach Abzug des Arbeitnehmerpauschbetrages noch 400 DM an Einkünften aus nichtselbständiger Arbeit.

Fazit:

Der angestellte Pharmavertreter Eugen Spalt macht in seiner Einkommensteuererklärung Werbungskosten für die Beschäftigung seiner Ehefrau, die diese wiederum als Arbeitslohn ansetzt, geltend. Fraglich ist hierbei, ob es sich bei dem Ehegattenarbeitsverhältnis um ein tatsächlich im steuerlichen Sinne anzuerkennendes Arbeitsverhältnis handelt. Dagegen sprechen mehrere Aspekte: Zum einen liegt kein – wie es unter fremden Dritten üblich wäre – schriftlicher Arbeitsvertrag vor, der unter anderem auch Regelungen zur Gehaltsfortzahlung im Krankheitsfalle bzw. zu Urlaubsansprüchen enthalten würde, zum anderen ist ein von der tatsächlichen Arbeitszeit vollkommen unabhängiges monatliches pauschales Gehalt in Höhe von 200 DM vereinbart. Des weiteren handelt es sich bei den Tätigkeiten nicht um solche, die zwingend von einer Angestellten ausgeführt werden müßten. Vielmehr sind solche Tätigkeiten auch im Rahmen der normalen zivilrechtlichen Mithilfepflicht von Ehegatten abgedeckt. Daher ist festzustellen, daß es sich ganz offensichtlich nicht um ein steuerlich anzuerkennendes Ehegattenarbeitsverhältnis handelt. Weiteres Indiz hierfür ist, daß Eugen Spalt als angestellter Pharmavertreter eines großen Konzerns und nicht selbständig tätig ist. Somit ist in Höhe der hierauf entfallenden Einkommensteuerbeträge eine Steuerverkürzung eingetreten. Aufgrund der mageren Ausgestaltung der Abrede zwischen Eugen und seiner Frau Doris Spalt muß davon ausgegangen werden, daß zumindest billigend in Kauf genommen wurde, daß eine Steuerverkürzung eintreten könnte. Hierdurch ist Vorsatz zu bejahen. Somit hat sich Eugen Spalt wegen Steuerhinterziehung strafbar gemacht.

9. Kinderarbeitsverhältnis

Die Eheleute Dr. Andreas und Silke Vorbild haben zwei Söhne: Lars und Jens. Da sie sich den immer währenden Forderungen ihrer Söhne Lars und Jens nach einer Erhöhung des Taschengeldes nicht unbedingt beugen wollen, schlagen sie diesen vor, daß sie doch zur Erhöhung ihres Taschengeldes für die Arztpraxis des Vaters Aushilfstätigkeiten zu einer angemessenen Vergütung von 8 DM pro Stunde ausführen mögen. Hiervon sind der 16jährige Lars und der 15jährige Jens wenig begeistert. Denn für sie steht fest, daß sie „von den Alten übers Ohr gehauen werden!“ Aufgrund ihrer schwächeren Position geben sie klein bei und beginnen, die in der Arztpraxis des Vaters Dr. Andreas Vorbild anfallenden Aushilfstätigkeiten einzeln oder auch gemeinschaftlich auszuführen. Hierbei handelt es sich um Dinge wie z.B. Gänge zur Post oder auch zur Bank sowie Fotokopierarbeiten und auch schon mal das Entleeren der Müllbehälter. Immerhin kommen Lars und Jens pro Woche auf durchschnittlich fünf Stunden, da sie es irgendwie jeden Tag zu unterschiedlichen Zeiten schaffen, eine Stunde zu arbeiten. Wenn sie umfangreiche Schularbeiten haben oder für Prüfungen in der Schule lernen müssen, lassen sie selbstverständlich die Arbeit ruhen. Im Rahmen der Buchführungsarbeiten zu der für Herrn Dr. Andreas Vorbild zu fertigenden Einnahme-/Überschußrechnung werden die an die Söhne Lars und Jens gezahlten Vergütungen als Betriebsausgaben berücksichtigt.

Fazit:
Der Arzt Dr. Andreas Vorbild zahlt an seine beiden Söhne Lars und Jens für Aushilfstätigkeiten ein Entgelt. Fraglich erscheint, ob es sich hierbei um ein tatsächliches Arbeitsverhältnis handelt, oder ob die Ursache des Arbeitsverhältnisses im familiären Bereich liegt. Hierzu ist ein sogenannter Drittvergleich vorzunehmen. Dabei ist zu fragen, ob auch ein vergleichbarer fremder Dritter die von Lars und Jens übernommenen Arbeiten gegen Erhalt einer Vergütung in derselben Höhe angenommen und ausgeführt hätte. Dies kann jedoch offensichtlich verneint werden. Zum einen erfolgt die Durchführung des Kinderarbeitsverhältnisses unregelmäßig: Bei Prüfungen oder auch umfangreichen Schulaufgaben

kommen Lars und Jens ihren Tätigkeiten nicht nach. Des weiteren arbeiten sie für eine sehr geringe Vergütung in Höhe von 8 DM pro Stunde. Außerdem wurden keinerlei Regelungen über Urlaubsvergütung bzw. Lohnzahlung im Krankheitsfall getroffen. Vor dem Hintergrund der von den Söhnen Lars und Jens geforderten Taschengelderhöhung muß vielmehr davon ausgegangen werden, daß das „Beschäftigungsverhältnis“ nur in familiären Gründen seine Ursache hat. Des weiteren besteht für die Söhne eine zivilrechtliche Mithilfepflicht gegenüber ihren Eltern. Daher sind die an die Söhne gezahlten Entgelte insgesamt privat veranlaßt und nicht als Betriebsausgaben abzugsfähig. Indem diese trotzdem gewinnmindernd verbucht wurden, ist eine Steuerverkürzung in Höhe der darauf entfallenden Einkommensteuerbeträge eingetreten. Es kann davon ausgegangen werden, daß Dr. Andreas Vorbild vor dem Hintergrund der ihm bekannten gesamten Thematik zumindest diese Möglichkeit einer nicht nur betrieblichen Veranlassung zumindest billigend in Kauf nahm und daher vorsätzlich handelte. Somit hat sich Dr. Andreas Vorbild wegen Steuerhinterziehung strafbar gemacht.

10. Telefonkosten

Walter Schrauber ist als Kfz-Meister eines großen deutschen Automobilherstellers tätig. Seit 22 Jahren arbeitet er in derselben Niederlassung. Daher kommt er auch ganz gut „mit denen vom Büro" klar. Seit seiner Beförderung vor fünf Jahren zum Kfz-Meister hat er nach ein paar Bier mit den Büroleuten auf seiner Beförderungsfeier eine Abmachung geschlossen: Demnach erhält Walter Schrauber alljährlich eine Bescheinigung dahingehend ausgestellt, daß er aufgrund seiner Position als Kfz-Meister unbedingt telefonisch erreichbar sein müsse, und daß tatsächlich auch an freien Tagen des öfteren Rückfragen bei Walter Schrauber bei schwerwiegenderen Problemen gehalten würden. Durch die Vorlage dieser Bescheinigung gelingt es Walter Schrauber, 30 % seiner jährlichen Telefonkosten als Werbungskosten geltend zu machen. Tatsächlich wurde er jedoch nur zweimal im gesamten Jahr angerufen.

Fazit:
So macht Walter Schrauber alljährlich im Rahmen der Ermittlung der Werbungskosten zu seinen Einnahmen aus nichtselbständiger Arbeit 30 % seiner Telefonkosten wegen beruflicher Veranlassung geltend. Aufgrund der Bescheinigung des Arbeitgebers sah der zuständige Finanzbeamte eine berufliche Veranlassung für nachgewiesen an. Tatsächlich steht die Höhe des Ansatzes von 30 % in keinem Verhältnis zu den tatsächlich stattgefundenen zwei Anrufen.

Daher kommt es in Höhe der hierauf entfallenden Einkommensteuerbeträge zu einer Steuerverkürzung. Diese hat Kfz-Meister Walter Schrauber auch durch Beauftragung der alljährlichen Arbeitgeberbescheinigung und Ansatz der Telefonkosten als Werbungskosten in der Einkommensteuererklärung vorsätzlich herbeigeführt. Somit hat sich Walter Schrauber wegen Steuerhinterziehung strafbar gemacht.

11. Unterhaltsleistungen

Ralf und Christel Solo sind seit 2 Jahren glücklich geschieden. Ralf hat gegenüber seiner Ex-Gattin eine gerichtlich verfügte Unterhaltspflicht in Höhe von monatlich 1.500 DM. Dieser Unterhaltsverpflichtung kommt Ralf Solo stets pünktlich nach. Mit seiner Ex-Frau Christel Solo versteht er sich seit der Scheidung sogar besser als jemals zuvor. So kommt es, daß Christel auch prompt damit einverstanden ist, die von Ralf Solo vorgelegte Anlage U zu unterschreiben. Obwohl sie tatsächlich im vergangenen Jahr insgesamt nur 18.000 DM von Ralf an Unterhaltsleistungen erhalten hat, will sie ihrem Ex-Mann wenigstens einen kleinen steuerlichen Vorteil gönnen, und unterschreibt trotz der Nachfrage nach der tatsächlichen jährlichen Zahlung bereitwillig über 27.000 DM.

Mit der Beifügung der Anlage U erreicht Ralf Solo problemlos, daß das Finanzamt bei der Festsetzung seiner persönlichen Einkommensteuerschuld die an seine Ex-Frau gezahlten Unterhaltsleistungen in voller Höhe von 27.000 DM anerkennt. Auf der anderen Seite hat seine geschiedene Frau Christel zwar auch zunächst im Rahmen ihrer Einkommensteuerfestsetzung eine höhere Steuerbelastung, diese wird von Ralf Solo jedoch wieder gerne „unter der Hand“ ausgeglichen.

Fazit:
Ralf Solo macht im Rahmen seiner Einkommensteuererklärung falsche Angaben über Unterhaltsleistungen: Er gibt vor, an seine geschiedene Ehefrau insgesamt 27.000 DM geleistet zu haben. Tatsächlich hat die Unterhaltssumme jedoch 18.000 DM betragen. Somit kommt es in der übersteigenden Höhe von 9.000 DM nach Maßgabe des persönlichen Steuersatzes von Ralf Solo zu einer Steuerverkürzung der an sich festzusetzenden Einkommensteuer. Auch wenn kein totaler Einkommensteuerausfall durch die Berücksichtigung bei der Ex-Gattin stattgefunden hat, liegt dennoch bei einer tatsächlichen Betrachtung ein Steuerausfall dergestalt vor, daß die Ex-Gattin einen niedrigeren Steuersatz hat. Diese Verkürzung wurde durch Ralf Solo eindeutig vorsätzlich herbei-

geführt. Also hat sich Ralf Solo wegen Steuerhinterziehung strafbar gemacht. Seine „Ex“ hat ihm hierbei mindestens als Gehilfin Beihilfe zur Steuerhinterziehung geleistet.

12. Kinderbetreuungskosten

Heinrich und Martina Klecks sind bereits seit 5 Jahren verheiratet. Ihre gemeinsame Tochter Julia vergöttern beide über alles. Stets sind sie bemüht, Julia ein harmonisches Familienleben bieten zu können. Dies ist leider nicht immer so einfach. Da Heinrich Klecks als Malermeister ständig Terminarbeiten zu erledigen hat, ist er oft von früh bis spät unterwegs und kann sich nicht mit der gebührenden Zeit seiner Tochter widmen. Martina Klecks ist halbtags mit der Bewältigung der Büroarbeit des Malerbetriebs ihres Mannes beschäftigt. Dies ist auch vor dem Hintergrund machbar, daß die Eltern von Martina Klecks im selben Haus wohnen. So wähnen sich Heinrich und Martina Klecks stets auf der sicheren Seite, kümmern sich doch die Großeltern rührend um die Enkelin Julia, und gleichzeitig können sie so auch die dürftige Rente der Großeltern mit monatlich 800 DM als „Dankeschön" bezuschussen. Eines Tages wurde Martina Klecks als Fußgängerin von einem Pkw angefahren. Daraufhin mußte sie für vier komplette Monate im Krankenhaus stationär behandelt werden. Während dieser Zeit haben sich ihre Eltern um Julia gekümmert. Im Rahmen ihrer Einkommensteuererklärung machten Heinrich und Martina Klecks daraufhin wegen der langwierigen stationären Behandlung von Martina Klecks erfolgreich Kinderbetreuungskosten geltend. Als Quittung fügten sie einen von den Großeltern unterschriebenen Beleg bei. Dieser lautete allerdings wahrheitswidrig über insgesamt 8.000 DM für zehn Monate.

Fazit:

Heinrich und Martina Klecks haben in ihrer Einkommensteuererklärung Kinderbetreuungskosten in Höhe von 8.000 DM geltend gemacht. Tatsächlich sind ihnen durch den stationären Aufenthalt von Martina Klecks gerade einmal 3.200 DM – wie sonst auch – für vier Monate entstanden. Darüber hinaus wird seitens der Eheleute Heinrich und Martina Klecks dieser Betrag mehr als Zuwendung an die Eltern von Martina Klecks angesehen, als für eine Vergütung wegen der Beaufsichtigung ihrer Tochter Julia. Somit ist in Höhe der auf die gesamten Kinderbetreuungskosten entfallenden Einkommensteuerbeträge eine Steuerverkürzung eingetreten. Indem die Eheleute Heinrich und Martina Klecks diese absichtlich herbeiführten, handelten sie auch vorsätzlich. Somit haben sich Heinrich und Martina Klecks wegen Steuerhinterziehung strafbar gemacht.

13. Disagioerstattung nicht angeben

Helmut und Hannelore Rot sind neben ihrem eigengenutzten Wohnhaus stolze Eigentümer eines komplett vermieteten Zehnfamilienhauses. Aus steuerlichen Gründen hatten Helmut und Hannelore Rot dieses Mehrfamilienhaus angeschafft, konnten sie doch stets die steuerlich entstandenen Verluste mit ihren übrigen positiven Einkünften steueroptimierend ausgleichen. Um auch eine niedrige monatliche Bezuschussung des vermieteten Objekts zu haben, hatten sie bei der Finanzierungsplanung des ursprünglichen Erwerbs von der gestalterischen Möglichkeit eines Disagios Gebrauch gemacht. Hierdurch hatten sie also in einer Summe mit voller steuerlicher Berücksichtigung einen Zinsvorschuß auf die gesamte Laufzeit des Darlehens geleistet. Und nun traf das ein, auf das ca. jeder dritte Bundesbürger jedes Wochenende hofft: Helmut und Hannelore Rot hatten einen Sechser im Lotto und gewannen daher 1,75 Mio. DM. Einen Teilbetrag dieses Gewinns nutzten sie dazu, die noch auf dem Mehrfamilienhaus bestehenden Verbindlichkeiten abzulösen. Als die finanzierende Bank anfragte, auf welches Konto denn die anteilig zurück zu erstattende ursprüngliche Disagiozahlung zu erfolgen habe, leiteten Helmut und Hannelore Rot diesen Betrag auf ein extra für solche Zwecke ruhendes Girokonto um. Daher unterließen sie es auch, in ihrer Einkommensteuererklärung, bei den Einkünften aus Vermietung und Verpachtung des Mehrfamilienhauses die anteilig erfolgte Disagioerstattung als Einnahme zu erfassen.

Fazit:
Helmut und Hannelore Rot lösen ein ursprünglich zur Finanzierung des vermieteten Mehrfamilienhauses aufgenommenes Darlehen ab. Hierdurch erhalten sie eine anteilige Rückerstattung des ursprünglich bezahlten Disagios. Indem sie im Rahmen der Erstellung ihrer Einkommensteuererklärung diese Disagioerstattung nicht bei den Einkünften aus Vermietung und Verpachtung als Einnahme angeben, kommt es insofern zu einer Steuerverkürzung. Diesbezüglich handelten Helmut und Hannelore Rot auch offensichtlich vorsätzlich. Somit haben sich Helmut und Hannelore Rot wegen Steuerhinterziehung strafbar gemacht.

14. Mietverhältnis nicht existent – 50 %-Regelung

Max Vetter ist als erfolgreicher Rechtsanwaltspartner einer überregionalen Rechtsanwaltssozietät tätig. Seit längerem denkt er darüber nach, daß er einen Teil seines Geldes kapitalsichernd in Immobilienbesitz anlegen sollte. Da kommt es ihm gerade recht, daß sein Lieblingsneffe Ludwig Lustig beschlossen hat, in einer Universitätsstadt in der Nähe sein Studium der Rechtswissenschaften aufzunehmen. Da auch für Max Vetter bekanntermaßen aus seiner eigenen Studentenzeit die Klagen des Ludwig Lustig einleuchtend klingen, in denen sich dieser ausläßt, daß eine real in Uninähe gelegene und nach vernünftigen Gesichtspunkten zu bezahlende Studentenbude nicht existent ist. So kommt es, daß Max Vetter zwei Monate vor Studienbeginn dem Ludwig Lustig den Vorschlag unterbreitet, dem Lieblingsneffen eine ihm angemessen erscheinende Wohnung in Universitätsnähe zu kaufen. Außerdem besteht er darauf, daß Ludwig Lustig ihm keine Miete zahlen müßte. „Schließlich bleibt Familie doch Familie!" Tatsächlich gelingt es beiden, diesen Plan noch vor Semesterbeginn umzusetzen. „Wegen der Steuer" überweist Ludwig Lustig dem Max Vetter monatlich einen Mietbetrag, der knapp über der Hälfte der ortsüblichen Miete liegt. Dieses Geld erhält Ludwig Lustig jedoch von Max Vetter in bar zurück. Die monatlichen laufenden Kosten trägt er jedoch tatsächlich selbst. In seiner Steuererklärung erklärt Max Vetter die knapp über der Hälfte der ortsüblichen Miete liegenden Mieteinnahmen aus der Vermietung der Studentenbude an seinen Lieblingsneffen Ludwig Lustig und setzt demgegenüber die Werbungskosten in voller Höhe ab. Die Verluste aus dieser Vermietung gleicht er mit seinen übrigen positiven Einkünften aus. Daher kommt es für Max Vetter zu einer recht ansehnlichen Steuerentlastung.

Fazit:

Das zwischen Max Vetter und seinem Lieblingsneffen Ludwig Lustig geschlossene Mietverhältnis ist real nicht existent. Tatsächlich erhält Ludwig Lustig die an Max Vetter entrichtete Miete in vollständiger Höhe in bar zurück. Lediglich die Betriebskosten trägt er selbst. Somit überläßt Max Vetter seinem Lieblingsneffen Ludwig Lustig in Wirklichkeit die von diesem genutzte Wohnung vollkommen unentgeltlich. Mangels eines tatsächlich bestehenden Mietverhältnisses sind folglich die Verluste aus der konstruierten Vermietung nicht im Rahmen der Einkommensteuererklärung des Max Vetters mit anderen positiven Einkünften verrechenbar. Vielmehr liegt in Höhe der auf diese Verluste entfallenden Einkommensteuerbeträge eine Steuerverkürzung vor. Max Vetter handelt diesbezüglich auch vorsätzlich. Somit hat sich Max Vetter wegen Steuerhinterziehung strafbar gemacht.

15. Rechnungslegung bei geringwertigen Wirtschaftsgütern

Dr. Stefan Schwarz hat soeben erkannt, daß er in seinem Warteraum für Privatpatienten zwei Stühle zu wenig hat. Daher sucht er an einem Mittwochnachmittag ein Möbelhaus in der unmittelbaren Umgebung auf. Hier entdeckt er auch sogleich zwei ihm angemessen erscheinende Stühle, die mit einem Designpreis versehen für nur 750 DM netto pro Stück eine wahre Bereicherung seines Warteraumes für Privatpatienten werden würden. Außerdem entdeckt er die passende Hängelampe, die er wegen des besonderen Angebots von nur 900 DM netto auch nicht zurücklassen möchte. Da er sich jedoch darüber im klaren ist, daß er nur solche Einrichtungsgegenstände sofort abschreiben kann, deren Netto-Anschaffungskosten 800 DM nicht überschreiten, gelingt es ihm, durch seine ungeheure Überzeugungskraft („Ich bin Arzt!") den Verkäufer dahin- gehend zu bewegen, daß dieser auf der Rechnung statt der tatsächlichen Preise die Stühle und auch die Lampe mit je 800 DM netto ausweist. Überglücklich kann nun Dr. Stefan Schwarz in seiner Gewinnermittlung die drei Möbelstücke als geringwertige Wirtschaftsgüter sofort in voller Höhe abschreiben. Dieses Vergnügen nimmt er auch noch am selben Tag höchstpersönlich vor. Denn schließlich „erfolgt jede Buchung anhand eines entsprechenden Belegs!"

Fazit:
Dr. Stefan Schwarz hat in seiner Gewinnermittlung die drei erworbenen Gegenstände als geringwertige Wirtschaftsgüter erfaßt und in voller Höhe abgeschrieben. Tatsächlich fehlt ihm hinsichtlich der Lampe die Berechtigung hierzu. Hier haben die Netto-Anschaffungskosten mit 900 DM eindeutig über 800 DM gelegen. Somit müßte die Lampe als Einrichtungsgegenstand mit jährlichen Abschreibungsbeträgen über die normale Nutzungsdauer erfaßt werden.
In Höhe der auf den übersteigenden Teil entfallenden Einkommensteuerbeträge ist es folglich zu einer Steuerverkürzung gekommen. Diesbezüglich handelte Dr. Stefan Schwarz auch vorsätzlich, indem er den Verkäufer zur Ausstellung einer falschen Rechnung bewegte. Somit hat sich Dr. Stefan Schwarz wegen Steuerhinterziehung strafbar gemacht.

16. Lohnsteuerpflichtige Arbeitnehmerzuwendungen als sonstigen Aufwand

Herbert Grünmüller ist der Fleiß seiner Arbeitnehmer wirklich ans Herz gewachsen: Nach dem Motto „Kleine Geschenke erhalten die Freundschaft!" verfährt er sehr gerne, um seinen Arbeitnehmern noch die letzte Motivation herauszukitzeln. Es gehört zur Tagesordnung, daß in Zeiten großer Arbeitsüberlastung stets für das leibliche Wohl in Form von Kuchen oder auch sogar Bringdiensten gesorgt wird. In Spitzenzeiten verausgabt Herbert Grünmüller für seine Mannschaft für die Sicherstellung der Ernährung und damit der Arbeitskraft pro Kopf und Monat bis zu 300 DM. In jedem Fall werden die monatlichen Grenzen für lohnsteuerfreie Aufmerksamkeiten von 60 DM stets überschritten.

Im Rahmen seiner Buchführung erfaßt Herbert Grünmüller alle diese eindeutigen lohnsteuerpflichtigen Arbeitnehmerzuwendungen lediglich als sonstigen Aufwand. Um den Rest soll sich seiner Meinung nach „doch die Betriebsprüfung kümmern – wenn sie überhaupt mal kommen sollte!"

Fazit:
Herbert Grünmüller verbucht eindeutige und über das normale betragsmäßige Maß von 60 DM für Aufmerksamkeiten hinausgehende Kosten, die als lohnsteuerpflichtige Arbeitnehmerzuwendungen zuzuordnen sind, als sonstigen Aufwand. Als Folge hiervon ist ein zwingend vorzunehmender Lohnsteuerabzug unterblieben. In Höhe des somit unterbliebenen Lohnsteuerabzugs ist eine Steuerverkürzung entstanden.

Indem Herbert Grünmüller solche Dinge lieber der Betriebsprüfung überlassen möchte, handelt er auch offensichtlich vorsätzlich. Somit hat sich Herbert Grünmüller wegen Steuerhinterziehung strafbar gemacht.

17. Den Verkauf von geringwertigen Wirtschaftsgütern nicht als Erlös erfassen

Gunter W. Glupsch ist als Antiquitätenhändler tätig. Er ist ein Meister seines Faches. So geschah neulich folgendes: Ein Kunde betrat sein Geschäft und wollte unbedingt „die Lampe aus dem Schaufenster da!" kaufen. Tatsächlich handelte es sich hierbei weder um eine Antiquität noch um eine Rarität, sondern um ein schwedisches Massenprodukt. Da die Lampe jedoch unter vielen durchgeführten Umdekorationen des Schaufensters erheblichen Schaden erlitten hatte, haftete ihr tatsächlich ein gewisser nostalgischer Ausdruck an. So war Gunter W. Glupschs erster Gedanke: „Dann bin ich das häßliche Ding endlich los!" Daher verkaufte Gunter W. Glupsch bereitwillig dem interessierten Kunden die Lampe zu einem Sonderpreis von 600 DM. Vorher hatte der Antiquitätenhändler diese Lampe selbst für 150 DM – und das schon vor zwei Jahren – erworben. Nachdem der Kunde weg war, nahm Gunter W. Glupsch den Kaufpreis in Höhe von 600 DM aus seiner offenen Ladenkasse und steckte ihn in sein privates Portemonnaie. Seine Gedanken hierzu waren: „Die Lampe ist sowieso schon als geringwertiges Wirtschaftsgut abgeschrieben, warum sollte ich dann nicht den erzielten Sonderpreis auch brutto für netto vereinnahmen dürfen!"

Fazit:
Der Antiquitätenhändler Gunter W. Glupsch hat de facto eine Lampe verkauft. Diese Lampe hat einen Buchwert von 0 DM. Daher werden in der vollen Höhe des Kaufpreises 600 DM abzüglich Umsatzsteuer als stille Reserven aufgedeckt. Durch die Weiterleitung des Kaufpreises in das Portemonnaie des Gunter W. Glupsch und seinen dazugehörigen Gedanken kann entnommen werden, daß diese stillen Reserven vorliegend nicht im Rahmen der Buchführung des Antiquitätengeschäftes erfaßt wurden. Daher kommt es in Höhe der auf die stillen Reserven entfallenden Einkommensteuerbeträge zu einer Steuerverkürzung. Des weiteren liegt eine Steuerverkürzung in Höhe der bei dem Verkauf angefallenen Umsatzsteuer vor. Daß Gunter W. Glupsch diese Steuerverkürzung vorsätzlich herbeigeführt hat, hat er hinreichend dokumentiert. Somit hat sich Gunter W. Glupsch wegen Steuerhinterziehung strafbar gemacht.

18. Nutzungsdauer kürzer als amtliche Abschreibungstabelle angesetzt

Peter Condor ist seit Jahren selbständig als Zahnarzt tätig. Auf Empfehlungen von Fachzeitschriften und Berufskollegen beschließt er zur Kostensenkung seiner Praxis, das Patientenerfassungs- und Abrechnungswesen komplett auf ein EDV-gestütztes System umzustellen. Daher erwirbt er für seine Praxis eine High-Tech-Computer-Netzwerklösung. Nachdem die PC-Anlage einwandfrei eingerichtet wurde und absolut störungsfrei läuft, kommt er seiner Planung zur Kostensparung nach, indem er für eine in Mutterschutz gehende Zahnarzthelferin, die überwiegend im Bürobereich eingesetzt war, keine Ersatzkraft einstellt. Bei der Erstellung seiner Einnahme-/Überschußrechnung wirft sich dem Zahnarzt Peter Condor die Frage auf, über wieviel Jahre die neu angeschaffte PC-Anlage abzuschreiben sei. Eine Rückfrage beim zuständigen Wohnsitzfinanzamt ergibt, daß normale PC-Netzwerkanlagen über eine Nutzungsdauer von vier Jahren abgeschrieben werden müssen. Peter Condor sieht dies jedoch anders: Er ist der Meinung, daß generell die steuerliche Ersparnis von Investitionen schneller realisiert werden müßte. Daher sieht er es gar nicht ein, daß er mit der vollständigen Abschreibung insgesamt vier Jahre benötigt. Somit geht er her – „mit mir nicht!" – und legt der jährlichen Abschreibung eine gewöhnliche Nutzungsdauer von drei Jahren zugrunde. „So ist es recht!" Da er für die Computeranlage insgesamt 24.000 DM bezahlt hatte, beträgt somit sein – im Vergleich zur amtlichen Nutzungsdauer – höheres jährliches Abschreibungsvolumen 2.000 DM. Seine auf diesen Zahlen beruhende Einnahme-/Überschußrechnung gibt der Zahnarzt beim zuständigen Betriebsstättenfinanzamt ab, welches erklärungsgemäß den ermittelten Gewinn an das Wohnsitzfinanzamt in einer Summe weiterleitet.

Fazit:

Peter Condor hat wider besseren Wissens als Abschreibungsdauer für die neu erworbene PC-Anlage drei statt vier Jahre zugrunde gelegt. Hierdurch hat er gegen die amtliche und daher zwingend anzusetzende Abschreibungsdauer von vier Jahren verstoßen. In Höhe der auf die jährliche höhere Abschreibung von 2.000 DM entfallenden Einkommensteuerbeträge ist folglich eine Steuerverkürzung eingetreten. Indem Peter Condor sich bei seinem Wohnsitzfinanzamt über die richtig anzusetzende Nutzungsdauer erkundigt hatte, diese jedoch unter Zugrundelegung einer kürzeren Nutzungsdauer ignorierte, hat er auch vorsätzlich die Steuerverkürzung herbeigeführt. Somit hat sich Peter Condor wegen Steuerhinterziehung strafbar gemacht.

19. Einlage „gebrauchter“ Wirtschaftsgüter in das Betriebsvermögen

Axel Weiß ist Inhaber eines Fitneß-Studios. Auf mehr als 600 m^2 präsentiert er den Mitgliedern seines exquisiten Clubs jegliche Möglichkeiten, den Körper vom Fußnagel bis zur Haarspitze in Form zu bringen oder natürlich auch zu halten. Da sein vollkommen auf Service ausgerichtetes Konzept sehr erfolgreich ist, braucht er sich im Vergleich zu anderen Fitneß-Clubs der Stadt keinerlei Sorgen über Mitgliederschwund zu machen. Axel Weiß hat trotzdem neben dem Schautrainieren auch das Denken nicht verlernt. Daher kommen ihm zumeist im Dezember die besten Einfälle, den Gewinn seines Fitneß-Clubs noch so weit wie möglich drücken zu können:

Dieses Jahr ist er ein Freund der Regelungen über geringwertige Wirtschaftsgüter. Er beschließt, daß er jetzt noch kurz vor Jahresschluß sein im Fitneß-Club vorhandenes Büro etwas ansehnlicher ausstatten könnte. Daher nimmt er einige Bilder aus seiner Wohnung und hängt diese in seinem Büro im Fitneß-Club auf. Bezüglich dieser drei Bilder behauptet er einen Wert von je 750 DM. Tatsächlich haben sie jedoch höchstens einen Wert von je 250 DM. Im Rahmen seiner Buchführung für den Monat Dezember verbucht Axel Weiß alle drei Bilder zu je 750 DM als geringwertiges Wirtschaftsgut in voller Höhe gewinnmindernd. Diese Buchung wird auch im Rahmen der Jahresabschlußarbeiten so belassen.

Hinweis auf das Steuerentlastungsgesetz 1999/2000/2002:

Werden Wirtschaftsgüter aus dem Privatvermögen in das Betriebsvermögen eingelegt, so ist nunmehr zu unterscheiden: Wurden diese Wirtschaftsgüter bisherrein privat genutzt, so sind sie weiterhin mit dem Teilwert in das Betriebsvermögen einzulegen. Wurden diese Wirtschaftsgüter jedoch bereits im Wege der Abschreibung als Werbungskosten bei den Einkünften aus nicht selbständiger Arbeit, Kapitalvermögen, Vermietung und Verpachtung oder als sonstige Einkünfte einkünftemindernd abgesetzt, so beträgt der nunmehr zutreffende Einlagewert höchstens die ursprünglichen Anschaffungs- oder Herstellungskosten abzüglich der Absetzung für Abnutzungen, Sonderabschreibungen oder erhöhte Absetzungen, die bis zum Zeitpunkt der Einlage geltend gemacht worden sind.

Fazit:
Axel Weiß hat drei Bilder, die sich in seinem Privatvermögen befanden, in das Betriebsvermögen seines Fitneß-Clubs eingelegt. Maßgeblicher Wert hierbei ist der tatsächliche Wert von je 250 DM. Indem Axel Weiß jedoch jedes Bild mit 750 DM bewertet hat, kommt es in der übersteigenden Höhe von 500 DM, die sich ja vollkommen gewinnmindernd ausgewirkt hat, zu einer Steuerverkürzung der entsprechenden Einkommensteuerbeträge.

Auch als Nicht-Kunstkenner mußte sich Axel Weiß bewußt sein, daß diese Bilder nicht den von ihm veranschlagten Wert inne hatten. Ein Vorsatz des Axel Weiß liegt daher zwingend vor. Somit hat sich Axel Weiß wegen Steuerhinterziehung strafbar gemacht.

20. Private Präsente als betriebliche Repräsentationsaufwendungen

Bestattungsunternehmer Freddie Frühling ist ein sehr geselliger Mensch: Er ist Mitglied in zahlreichen Vereinen seines Wohn- und auch Betriebsortes. So kommt es, daß „der Mann in schwarz“ bei zahlreichen Familienfeiern eingeladen wird. Neben Beerdigungen sind dies jedes Jahr durchaus auch einige Hochzeiten!

Da Freddie Frühling stets und überall für seine Dienste Werbung betreiben will, verschenkt er z.B. als Gast von Hochzeiten sehr schmucke und wertvolle Gestecke, die er selbstverständlich als Großabnehmer der Friedhofsgärtnerei zu einem recht günstigen Preis bekommen kann. Dieser Preis ist auch schon allein deshalb so günstig, weil die Friedhofsgärtnerei stets seiner Anweisung folgend die von ihm benötigten privaten Blumengestecke im Rahmen der monatlich erfolgenden Abrechnung mit auf die übrigen Beerdigungsgestecke aufschlägt.

Selbstverständlich läßt Freddie Frühling diese monatlichen Abrechnungen der Friedhofsgärtnerei in voller Höhe im Rahmen seiner Buchführung als Betriebsausgaben erfassen. So hat er ja schließlich zwei Fliegen mit einer Klappe geschlagen: Zum einen ist er als großzügiger Schenker gegenüber dem Brautpaar werbewirksam aufgetreten, zum anderen wird sein Geschenk als Betriebsausgaben erfaßt.

Fazit:
Hinsichtlich der Kosten derjenigen Gestecke, die allein aufgrund von gesellschaftlichen Verpflichtungen angefertigt und verschenkt wurden, liegen unstreitig private Kosten vor. Diese sind folglich auch nicht als Betriebsausgaben abzugsfähig.

Demnach ist in Höhe der auf diese privat veranlaßten Kosten entfallenden Einkommensteuerbeträge, die unrechtmäßig zu niedrig festgesetzt wurden, eine Steuerverkürzung eingetreten. Diesbezüglich handelte Freddie Frühling auch vorsätzlich. Somit hat sich Freddie Frühling wegen Steuerhinterziehung strafbar gemacht.

21. Private Blumendekos als Betriebsausgaben

Gabi Biegsam ist seit vier Jahren als Krankengymnastin selbständig tätig. Sie betreibt ihre Praxis in den Kellerräumen ihres Hauses, so daß sie im Falle eines Falles immer für ihre Familie zur Verfügung stehen kann. Insgesamt hat sie drei Angestellte.

Sowohl den Warteraum als auch die einzelnen Behandlungszimmer stattet Gabi stets freundlich mit Blumendekos aus. Blumen sind neben ihrem Beruf ihre zweite Leidenschaft. Auch in den privaten Räumen ihres Hauses stehen in nahezu jedem Zimmer stets frische Blumen. Allwöchentlich sucht sie ihren Lieblingsblumenhändler um die Ecke auf, um für Nachschub zu sorgen. Dort ist sie schon bestens bekannt.
Wie selbstverständlich läßt sich Gabi Biegsam von dem Blumenhändler ihres Vertrauens jedesmal eine Gesamtquittung ausstellen. Diese reicht sie dann ihrem Steuerberater zwecks Erstellung ihrer Buchführung ein. Da der Steuerberater weiß, daß aufgrund der persönlichen Note von Gabi Biegsam immer und überall in der Praxis frische Blumen stehen, wundert er sich nicht darüber, daß die entsprechenden Rechnungen von einigem Gewicht sind.

Fazit:
Gabi Biegsam läßt bei der Erstellung ihrer Buchführung stets die vollständigen Blumendekorechnungen durch ihren Steuerberater gewinnmindernd als Betriebsausgaben verbuchen. Hierdurch wird der Gewinn aus ihrer Tätigkeit als Krankengymnastin in Höhe des Anteils, der auf die privaten Blumendekos in ihren Wohnräumen entfällt, unzutreffend als Betriebsausgaben verbucht.

Da Gabi Biegsam stets nur eine Sammelrechnung schreiben läßt, ist ihr dieser Vorgang auch bekannt. Somit kommt es in Höhe der Einkommensteuerbeträge, die auf die Verbuchung der in den Privaträumen aufgestellten Blumendekos als Betriebsausgaben entfallen, zu einer Steuerverkürzung. Diesbezüglich handelt Gabi Biegsam auch vorsätzlich. Daher hat sich Gabi Biegsam wegen Steuerhinterziehung strafbar gemacht.

22. Bild oder Teppich trotz privater Nutzung als Betriebsausgaben absetzen

Alfred Naturthek ist stolzer Inhaber eines Feinschmeckerrestaurants der gehobenen Klasse. Sein Restaurant findet nicht nur wegen der Speisen Begeisterung bei seinen Gästen, sondern auch wegen des Ambientes. Denn bei Alfred Naturthek ißt das Auge nicht nur beim Servieren der einzelnen Gänge, sondern schon vorher bei der Durchsicht des exquisit eingerichteten Restaurants mit.

Alfred Naturthek selbst ist begeisterter Besucher von Trödelmärkten. Hier findet er immer wieder interessante Einrichtungs- und Ausstellungsstücke, die sein Restaurant noch mehr bereichern sollen. Eines Tages entdeckt er allerdings bei einem Antiquitätenhändler einen hochwertigen Perserteppich und ein Bild, das ihn wegen der harmonischen Farbgebung begeistert. So kauft er kurzerhand beide Gegenstände und läßt als Rechnungsadressat das von ihm betriebene Restaurant eintragen. Tatsächlich sollen die beiden neu erworbenen Schätze sein privates Wohnzimmer bereichern.

„Ich habe so viele Einrichtungsgegenstände in meinem Restaurant, daß sowieso niemand merkt, wenn diese beiden in Wirklichkeit in meinem Wohnzimmer sind! Es ist auf jeden Fall nicht auszuschließen, daß der Teppich und das Bild in meinem Restaurant verwendet werden können!" Und so kam es, daß Alfred Naturthek die Rechnung über den Kauf seiner Buchführung beifügte, so daß diese als Betriebsausgaben verbucht wurden.

Fazit:
Alfred Naturthek hat die Kosten eines Teppichs und eines Bildes, die rein privat genutzt werden, seinen übrigen Buchführungsbelegen „untergeschoben". Hierdurch wurde der Gewinn aus dem Betrieb seines Restaurants in Höhe der auf den Teppich und das Bild entfallenden Abschreibungsbeträge gemindert. Somit ist eine der Höhe der hierauf entfallenden Einkommensteuerbeträge entsprechende Steuerverkürzung eingetreten. Sollten bei der Verbuchung der Rechnung die Vorsteuerbeträge

abgesetzt worden seien, liegt diesbezüglich ebenfalls eine Steuerverkürzung vor. Also hat sich Alfred Naturthek wegen Steuerhinterziehung strafbar gemacht.

23. „Fachbücher“

Astrid Lindwurm ist Lehrerin an einem großen Gymnasium. Sie unterrichtet dort die beiden Fächer Biologie und Physik. Um in den Naturwissenschaften auf dem neuesten Stand zu bleiben, bezieht sie zahlreiche Fachzeitschriften. Daneben kann sie sich auch für den Kauf von vielen in der Fachwelt hervorgebrachten Büchern erwärmen. Da Astrid Lindwurm allerdings auch solche Literatur schätzt, die nicht immer etwas mit den von ihr unterrichteten Fächer zu tun haben muß, kauft sie auch schon mal gerne beim Stöbern durch Buchhandlungen auf der Suche nach den neuesten Veröffentlichungen zu Themen der Biologie oder Physik Romane und auch andere leichtere Literatur.
An der Kasse läßt sie sich jedoch stets beim Bezahlen insgesamt immer nur Quittungen ausstellen, die als Buchbezeichnung jeweils nur „Fachbuch“ ausweisen. Sämtliche dieser so über das Jahr angefallenen „Fachbuch“-Quittungen reicht sie im Rahmen ihrer Einkommensteuererklärung beim zuständigen Finanzamt als Belegnachweis ein.

Da das Finanzamt in Gestalt des veranlagenden Beamten bei der gewählten Fächerkombination von Biologie und Physik der Meinung ist, daß dort eine umfangreiche eigene Fortbildung anhand von Büchern und Zeitschriften durchaus schlüssig ist, akzeptiert es alljährlich sämtliche eingereichten Belege.

So wird's gemacht:
Um Rückfragen zu vermeiden, sollte beim Kauf eines „echten“ Fachbuchs darauf geachtet werden, daß die von der Buchhandlung auszustellende Quittung immer den Titel und den Autor enthält. Nur so können Rückfragen und damit Verzögerungen der Bearbeitung der Steuererklärung oder sogar der Verlust des diesbezüglichen Werbungskostenabzugs vermieden werden.

Fazit:
Astrid Lindwurm reicht zusammen mit ihrer Einkommensteuererklärung Belege über solche Bücher ein, die in Wirklichkeit nicht beruflich

veranlaßt sind. Daher können diese Aufwendungen auch nicht als Werbungskosten abzugsfähg sein. Indem sie diese trotzdem erfolgreich als Fachliteratur geltend macht, kommt es folglich zu einer Steuerverkürzung.

Beim Kauf ihrer gesamten Literatur besteht Astrid Lindwurm stets darauf, daß in der Quittung lediglich die Bezeichnung „Fachbuch" erscheint. Indem sie diese Belege ihrer Einkommensteuererklärung beifügt, handelt Astrid Lindwurm bezüglich einer eintretenden Steuerverkürzung auch vorsätzlich. Somit hat sich Astrid Lindwurm wegen Steuerhinterziehung strafbar gemacht.

24. Tätigkeit als „teure“ Aushilfe

Petra Penibel ist hauptberuflich als Steuerfachgehilfin bei einem Steuerberater beschäftigt. Daneben erstellt sie für ein Blumengeschäft am Ende eines jeden Monats die Buchführung. Hierfür wurde ein Arbeitslohn von 25 DM pro Stunde mündlich vereinbart.

Tatsächlich benötigt Petra Penibel allmonatlich für die Erstellung der Buchführung des Blumengeschäftes 8 Stunden. Hierdurch erwirtschaftet sie dann jeden Monat einen Bruttoarbeitslohn in Höhe 200 DM.

Da sich jedoch der Inhaber des Blumengeschäftes und auch Petra Penibel darüber einig sind, daß es sich bei ihrem Beschäftigungsverhältnis um ein Aushilfsverhältnis handeln soll, auf das die Wirklichkeit der Pauschalierung der Lohnsteuer angewandt werden soll, stehen beide vor einem Problem: Der höchst zulässige Stundensatz für Zwecke der Pauschalierung beträgt 1999 22 DM.

Daher beschließen der Blumenhändler und Petra Penibel, daß der offizielle Stundenlohn von Petra Penibel bei 20 DM pro Stunde liegen soll. So kommt es, daß Petra Penibel jeden Monat statt der tatsächlich benötigten Zeit von 8 Stunden eine Zeit von 10 Stunden aufschreibt. Die Sozialabgaben behandelt der Blumenhändler zu treffend.

Fazit:
Der Blumenhändler wendet auf das Aushilfsverhältnis zu Petra Penibel unzutreffenderweise die Pauschalierung der Lohnsteuer für Aushilfen an. Da der tatsächlich vereinbarte Stundenlohn über der Höchstgrenze liegt, ist die Anwendung der Pauschalierung allerdings von vornherein ausgeschlossen. Somit müßte Petra Penibel dem Blumenhändler eine Lohnsteuerkarte der Steuerklasse VI vorlegen und dieser nach Maßgabe der anzuwendenden Tabellen Lohnsteuer und sogar auch Sozialversicherungsbeiträge einbehalten und abführen.

Dies würde für Petra Penibel zu einer großen Verminderung des vereinbarten Bruttoentgelts führen. Während Petra Penibel zunächst die für sie sehr günstige Variante mit dem Blumenhändler ausgehandelt hatte, daß dieser statt der ungünstigen Steuerklasse VI pauschal ihre Lohnsteuer abgibt, unterliegt nunmehr wegen Überschreitens des zulässigen Höchststundensatzes ihr Bruttoarbeitslohn der normalen Lohnbesteuerung nach Klasse VI. Eine Pauschalierung scheidet wegen 3 DM/Stunde aus. Somit tritt in Höhe des nicht nach Steuerklasse VI einbehaltenen Lohnsteuerbetrags eine Steuerverkürzung ein. Der Blumenhändler handelt diesbezüglich auch vorsätzlich, so daß er sich wegen Steuerhinterziehung strafbar gemacht hat.

25. Private Fahrten betrieblich charakterisieren

Otto Kaiser ist als selbständiger Vertreter für Versicherungen tätig. Selbstverständlich unterhält er auch einen standesgemäßen und vollkasko-versicherten Pkw. Da er kein Freund der, wie er meint, ihn benachteiligenden sogenannten 1 %-Regelung für steuerliche Zwecke ist, führt er lieber fleißig und vollständig ein Fahrtenbuch. Denn in seiner Branche ist so gut wie jede Fahrt betrieblich: Auch wenn er sich z.B. zum Ehemaligentreffen mit alten Schulkameraden begibt, so wittert er stets eine dahinterstehende Möglichkeit, neue Kunden zu akquirieren. Wenn er z.B. abends mit seiner Familie im besten Restaurant des Orts zum Abendessen eintrifft, dann natürlich auch hauptsächlich deswegen, daß die Menschen sein Gesicht so oft wie möglich zu sehen bekommen und sich im Fall des geplanten Abschlusses einer Versicherung auch an ihn wenden. Daher kommt Otto Kaiser mit seinem Fahrtenbuch gerade einmal zu einem Privatanteil von 2,89 %. Diese unterwirft er dann allerdings mit allen schauerlichen Konsequenzen der vollen Besteuerung.

Fazit:

Wenn ein überwiegend betrieblich genutzter Pkw auch für private Zwecke verwendet wird, so muß hierfür ein angemessener Privatanteil versteuert werden. Wer sich von der Anwendung der 1 %-Regelung unzutreffend benachteiligt fühlt, hat die Möglichkeit, den Gegenbeweis zur Häufigkeit der privaten Fahrten durch das Führen eines ordnungsgemäßen Fahrtenbuchs zu erbringen. Der terminus technicus „ordnungsgemäß“ erfordert jedoch eine saubere Trennung der betrieblichen von den privaten Fahrten. Hinsichtlich der recht großzügigen Ansicht des Otto Kaiser, was alles unter betriebliche Fahrten zu erfassen ist, ist der Begriff der Ordnungsmäßigkeit des Fahrtenbuchs jedoch offensichtlich nicht gewährleistet. Daher ist eine Versteuerung der privaten Nutzung durch die 1 %-Regelung vorzunehmen. In Höhe der hierauf entfallenden Steuern ist somit eine Steuerverkürzung eingetreten. Otto Kaiser hat es zumindest billigend in Kauf genommen, daß seine betrieblich charakterisierten Fahrten nicht unbedingt auch solche waren. Somit ist das Handeln des Otto Kaiser vorsätzlich erfolgt. Als Konsequenz hieraus hat sich Otto Kaiser wegen Steuerhinterziehung strafbar gemacht.

26. Spenden-Vereinfachungsregelung

Jürgen Kahl ist in jedem Heimatverein seiner Gemeinde Mitglied und weiß daher immer, wen er in welcher Situation um Auskünfte bitten darf. Nach dem einen oder anderen Gerstensaft wird sogar ein Schützenbruder, der beim Finanzamt arbeitet, auch ihm gegenüber gesprächig. Von diesem erfährt Jürgen Kahl, daß das Finanzamt aus Vereinfachungsgründen bei der Bearbeitung von Einkommensteuererklärungen im Rahmen der Sonderausgaben auf die Vorlage von Spendenquittungen verzichtet, solange der Spendenbetrag insgesamt 200 DM nicht übersteigt. Daraufhin macht Jürgen Kahl einen „Eigenversuch“:

Er fügt seiner Steuererklärung einen Spendenbeleg über 80 DM bei, trägt aber in das entsprechende Kästchen des Mantelbogens für Spenden 200 DM ein. Im Rahmen der Durchsicht seines Einkommensteuerbescheides macht er die freudige Entdeckung, daß das Finanzamt tatsächlich seiner Angabe gefolgt ist und trotz teilweise fehlender Belege 200 DM an Spenden angesetzt hat.

Fazit:
Jürgen Kahl hat im Rahmen der Erstellung seiner Einkommensteuererklärung im Sonderausgabenbereich falsche Angaben zur Höhe der von ihm geleisteten Spenden gemacht. Er gibt vor, 200 DM gespendet zu haben, obwohl alle seine tatsächlich geleisteten Spenden in Wirklichkeit 80 DM betragen haben.

Hierdurch kommt es in Höhe der auf die Differenz entfallenden Einkommensteuerbeträge zu einer Steuerverkürzung. Auch wenn Jürgen Kahl sein Handeln als „Eigenversuch“ betitelt, so kann er sich einem Vorsatzvorwurf nicht erwehren. Somit hat sich Jürgen Kahl wegen Steuerhinterziehung strafbar gemacht.

27. Gemischtes Kontokorrentkonto ohne privaten Zinsanteil

Uschi Teller betreibt ein kleines aber feines Dessousgeschäft. Der Kreis ihrer begeisterten Kunden erhöht sich täglich. Eigens für den Betrieb ihres Ladens hat sie bei einer nahegelegenen Bank ein Geschäftskonto eingerichtet. Hierbei handelt es sich um ein Kontokorrentkonto. „Zur Sicherheit – falls mal was schief läuft!" räumt ihr Kreditinstitut von vornherein einen Überziehungskredit ein. Diesen darf sie bis zu einer Höhe von 10.000 DM in Anspruch nehmen. Da der Vertrieb von Dessous sehr großen saisonalen Schwankungen unterliegt, ist Uschi Teller hierüber auch durchaus glücklich. Monatlich entnimmt sie dem Geschäftskonto zur Bestreitung ihres Lebensunterhaltes 3.500 DM per Dauerauftrag. Als im Laufe des Sommers wegen der Urlaubszeit ein „Loch in der Kasse" ist, freut sie sich um so mehr über die Möglichkeit, durch Ausschöpfung dieses Dispositionsrahmens ihren Lebensunterhalt bestreiten zu können.

Im Rahmen der laufenden Buchführungsarbeiten erfaßt sie „sorgfältigst" sämtliche Überziehungszinsen als Betriebsausgaben. „Sind ja schließlich die Zinsen des Geschäftskontos!" Diesen Ansatz erhält sie auch im Rahmen der Jahresabschlußarbeiten aufrecht.

Fazit:
Uschi Teller hat die bei ihrem Geschäftskonto angefallenen Überziehungszinsen in voller Höhe bei der Ermittlung ihres Gewinns aus dem Verkauf von Dessous als Betriebsausgaben abgesetzt. In Höhe derjenigen Zinsen, die auf die monatlichen Entnahmen für die Bestreitung des Lebensunterhaltes von Uschi Teller entfallen, sind die Zinsen einwandfrei privat veranlaßt. Soweit ist konsequenterweise keine Berücksichtigung als Betriebsausgaben möglich. Daher sind diejenigen Steuerbeträge, die auf die zu Unrecht als Betriebsausgaben verbuchten privaten Zinsen entfallen, ursächlich für eine eingetretene Steuerverkürzung. Da trotz des offensichtlichen Zusammenhangs zwischen einer privat veranlaßten Erhöhung der Überziehung und der dann zwangsläufig anfallenden Überziehungszinsen trotzdem die Zinsen vollständig als Betriebsausgaben

verbucht wurden, kann davon ausgegangen werden, daß Uschi Teller zumindest billigend in Kauf nahm, daß eine Steuerverkürzung eintreten könnte. Somit handelte sie vorsätzlich. Folglich hat sich Uschi Teller wegen Steuerhinterziehung strafbar gemacht.

So wird's ab 1999 gemacht:
Durch das Steuerentlastungsgesetz 1999/2000/2002 wird im vorstehenden Fall aus Vereinfachungsgründen bei jährlichen Schuldzinsenbeträgen bis zu 8.000 DM für sowohl betrieblich als auch privat genutzte Konten davon ausgegangen, daß diese zur Hälfte privat veranlaßt sind. Daher können bei jährlichen Schuldzinsenbeträgen bis zu 8.000 DM höchstens die Hälfte, also 4.000 DM, als Betriebsausgaben abgezogen werden. Sollten die jährlichen Schuldzinsen mehr als 8.000 DM betragen, so hat eine Aufteilung hinsichtlich der privaten und betrieblichen Verursachung nach der sog. Zinsstaffelmethode zu erfolgen.

28. Zusammenveranlagung trotz Getrenntleben

Wenn der zweite Frühling erwacht....! Dieter und Verona Trotzkopf sind bereits seit 25 Jahren verheiratet. Sie haben drei gemeinsame Kinder und einen gemeinsamen Hund. Doch seit zwei Jahren teilen sie nicht mehr dasselbe Quartier. Nachdem Dieter sich zur Selbstverwirklichung im zweiten Frühling dafür entschieden hat, die verloren geglaubte Jugend noch einmal zu reaktivieren und seine Sekretärin ihm hierzu bereitwillig ihre Hilfe angeboten hatte, war es für den Familienfrieden doch besser, daß Dieter in ein Einzimmerappartement ausgezogen ist.

Neben den gemeinsamen Kindern gab es aber dennoch im Leben von Dieter und Verona Trotzkopf eine weitere Gemeinsamkeit: das Finanzamt. Da Dieter ja nun auch wirklich fleißig seinen Unterhaltspflichten nachkam, so daß Verona nicht arbeiten mußte, war es Verona ein leichtes, auch trotz der großen menschlichen Enttäuschung gemeinsam mit ihrem offiziellen Ehemann Dieter die gemeinsame Einkommensteuererklärung zu unterzeichnen und so für eine Zusammenveranlagung zu sorgen.

Denn Dieter und Verona Trotzkopf wußten, daß für eine Zusammenveranlagung vollkommen ausreichend ist, daß sie „im Falle eines Falles“ jederzeit behaupten könnten, wenigstens ein paar Tage im betreffenden Veranlagungszeitraum nicht dauernd getrennt gelebt zu haben. Somit hätten sie die Voraussetzungen einer Zusammenveranlagung erfüllt, was allerdings nicht den Tatsachen entsprach.

Fazit:
Dieter und Verona Trotzkopf leben tatsächlich getrennt. Daher kommt nach den Vorschriften des Einkommensteuerrechts eine Zusammenveranlagung nicht mehr in Betracht. Indem die tatsächliche Trennung vor dem Finanzamt geheim gehalten wird, kommt es durch die Erschleichung des Splitting-Tarifes zu einer Steuerverkürzung. Diese erfolgt auch gestützt auf einen gemeinsam getragenen Vorsatz. Somit haben sich Dieter und Verona Trotzkopf wegen Steuerhinterziehung strafbar gemacht.

29. Videokamera als Betriebsvermögen

Rainer Zufall ist hauptberuflich freier Architekt. Ausnahmsweise ergeben sich für ihn im Rahmen seiner Tätigkeit als Architekt auch solche Einsätze, in denen er als Gutachter fungiert. Dies ist z.B. der Fall, wenn Bauherren nicht mit der Ausführung durch das Bauunternehmen einverstanden sind und für gerichtliche Zwecke ein entsprechendes Gutachten wünschen. Solche Gutachten erstellt der Architekt Rainer Zufall höchstens dreimal pro Jahr.

Da trifft es sich für den Hobby-Steuerrechtler Rainer Zufall gut, daß seine Gattin vor dem nächsten Urlaubsaufenthalt in den USA die Anschaffung einer Videokamera wünscht. Ist Rainer Zufall doch der Meinung, daß er die Kosten der Videokamera als Betriebsausgaben geltend machen kann. Zur Begründung hat er sich überlegt, daß er im Rahmen seiner Gutachtertätigkeit zum Nachweis seiner tatsächlichen Recherchearbeiten zukünftig auch Videoaufnahmen vornehmen könnte. Tatsächlich begehrt er die Anschaffung überwiegend für private Zwecke. Dennoch macht er im Rahmen seiner Gewinnermittlung die Abschreibungsbeträge der Videokamera als Betriebsausgaben geltend, wünscht er sich doch stets ein „schlankes Steuermanagement".

Fazit:
Der Architekt Rainer Zufall schafft eine Videokamera teils für betriebliche und teils für private Zwecke an. Da hinsichtlich der Nutzung dieser Kamera eine Trennung zwischen betrieblichen und privaten Tätigkeiten nicht leicht und einwandfrei möglich ist, sind zwingend sämtliche mit der Nutzung und Anschaffung der Videokamera zusammenhängenden Kosten der privaten Lebenssphäre zuzuordnen und daher nicht als Betriebsausgaben abzugsfähig. Hierdurch soll vermieden werden, daß Anschaffungen mancher Berufsgruppen, die zufällig zu einer untergeordneten beruflichen Mitbenutzung führen, zu berücksichtigen wären.

Daher ist es in Höhe der auf die Abschreibungsbeträge entfallenden Einkommensteuern zu einer Steuerverkürzung gekommen. Indem der Architekt Rainer Zufall um die tatsächliche Nutzung der Videokamera wußte und dennoch diese Kosten geltend machte, handelte er vorsätzlich. Somit hat sich Rainer Zufall wegen Steuerhinterziehung strafbar gemacht.

Anmerkung zu den „Begleitkosten“:
Selbstverständlich sind auch sämtliche „Begleitkosten“ der vorgenannten Videokamera grundsätzlich nicht abzugsfähig: wie z.B. ein Ersatzakku oder eine Kameratasche.

Wenn jedoch eine eindeutige Zuordnung zur betrieblichen Sphäre möglich ist, dann sind die damit zusammenhängenden Aufwendungen, z.B. für eine Videokassette, für ein Gutachten als Betriebsausgaben abzugsfähig. Im vergleichbaren Falle eines Fotoapparats, würden neben dem tatsächlich für einen betrieblichen Zweck eingesetzten Film dessen Kosten und auch die Entwicklungskosten als Betriebsausgaben abzugsfähig sein.

30. Leasing besonders wirtschaftlich

Bernd Stock ist als Prokurist eines großen Schuhherstellers tätig. Sein Aufgabengebiet umfaßt vor allem den Aufbau und die Unterstützung des eigenen Filialnetzes. Um optimale Produktionsauslastung und Bestellzeiten zu erreichen, hat er sich schon seit zwei Jahren dafür stark gemacht, daß alle Filialen mit einem neuartigen Computersystem ausgestattet werden sollen. Hiermit können die jeweils aus der Kollektion verkauften Einzelprodukte automatisch und online von den einzelnen Filialen nachbestellt werden, sobald beim Verkauf registriert wird, daß der Lagerbestand eine vorgegebene Mindestmenge unterschreitet.

Sogar mit der die Schuhfilialen beliefernden Computerfirma „Fixkomm AG" ist sich Bernd Stock schon über die einzelnen Vertragsmodalitäten einig: So zieht er es zum einen aus wirtschaftlichen Gründen vor, daß die neue Computeranlage von den einzelnen Filialen geleast werden soll. Zum anderen strebt er eine zusätzliche Altersversorgung der besonderen Art an: Hat er doch mit der „Fixkomm AG" durch die sie hierbei vertretene „Fixkomm Leasing GmbH" ausgemacht, daß in Wirklichkeit zum einen die Filialen des Schuhkonzerns eine um 10 % zu hohe monatliche Belastung zu tragen haben, zum anderen soll am Ende der vertraglich vereinbarten Laufzeit die Abschlußzahlung zur Ablösung des jeweiligen Restwerts sogar um 30 % zu hoch ausfallen. Von diesen durch die Filialen zu hoch gezahlten Leasingkosten soll Bernd Stock am Ende der Laufzeiten 70 % auf sein in der Schweiz liegendes „Sonderkonto" erstattet bekommen. So geschieht es dann auch nach 5 Jahren. Selbstverständlich unterläßt Bernd Stock eine Angabe des vereinnahmten Betrages in seiner Einkommensteuererklärung, will er doch nicht seine Machenschaften offenlegen müssen.

Fazit:
Bernd Stock erhält am Ende der Leasinglaufzeit eine „Provision" in Höhe von 70 % der zuviel erhobenen Leasingkosten auf ein in der Schweiz gelegenes Konto ausbezahlt. Diese Einnahmen hieraus sind grundsätzlich als sonstige Einkünfte steuerpflichtig. Indem Bernd Stock eine Angabe

in seiner Steuererklärung unterläßt, kommt es demnach zu einer Steuerverkürzung. Diesbezüglich handelt Bernd Stock auch vorsätzlich. Somit hat sich Bernd Stock aus steuerstrafrechtlicher Sicht wegen Steuerhinterziehung strafbar gemacht.

Des weiteren sollte sich Bernd Stock auch nicht zu sicher fühlen: Wenn es sich bei der Fixkomm Leasing GmbH um einen sog. „Großbetrieb" handelt, dann wird deren Buchführung laufend im Drei-Jahres-Turnus vom Finanzamt kontrolliert. Da davon auszugehen ist, daß die GmbH die an Bernd Stock gezahlte „Provision" gewinnmindernd verbucht hat, liegt für den Betriebsprüfer die Frage nahe, an wen eine Zahlung in die Schweiz denn nun tatsächlich geleistet wurde. Somit hat Bernd Stock letztlich nur eine „Steuerfreiheit auf Zeit" erlangt, durch die er neben dem Aspekt der Steuernachzahlung auch noch eine Sanktionierung der Steuerhinterziehung erwarten darf.

31. Kapitalvermögen unter dem Namen der Kinder

Engelbert und Ilse Sparstrumpf sind stolze Eltern von Zwillingen mit den Namen Miriam und Maike. Als vor einigen Jahren die Mutter von Engelbert Sparstrumpf verstorben war, erbte er ein recht ansehnliches Kapitalvermögen. Schon lange ärgerte ihn die auf die Erträge aus diesem ererbten Kapitalvermögen fälligen Einkommensteuerbeträge.

So kam er auf die Idee, von diesem Kapitalvermögen je 100.000 DM auf seine Töchter Miriam und Maike zu übertragen. Denn im Rahmen derer persönlichen Freibeträge fielen folglich auf die Zinsen keinerlei Einkommensteuerbeträge an. Kurz bevor seine Zwillinge volljährig wurden, zog er das auf sie angelegte Vermögen jedoch wieder vorsorglich von den Konten ab. „Man zieht sich nicht aus, bevor man ins Bett geht!" Immerhin hatte er doch jetzt wenigstens ein paar Jahre lang nicht unerhebliche Einkommensteuerbeträge auf die Zinsen „gespart". Als er seine Einkommensteuererklärung unter Angabe der nunmehr wieder bestehenden vollen Kapitalerträge beim zuständigen Finanzamt eingereicht hatte, kam auch sogleich die Anfrage des Finanzamts nach der Herkunft des wundersamen Geldregens auf seinen Schreibtisch geflattert.

Fazit:
Hier hat Engelbert Sparstrumpf unter dem Namen seiner Kinder Miriam und Maike Konten über jeweils 100.000 DM eröffnet. Allein durch die Tatsache, daß er kurz vor der Volljährigkeit seiner Töchter die Gesamtbeträge wieder seinem eigenen Vermögen zuführte, wird offensichtlich, daß er das Kapital seinen Töchtern von Anfang an nicht schenken wollte. Daher liegt offensichtlich ein Gestaltungsmißbrauch rechtlicher Möglichkeiten vor, mit deren Hilfe nur das Ziel einer Steuerminimierung herbeigeführt werden sollte.

Tatsächlich ist auch in Höhe der auf die Zinsen der jeweils angelegten 100.000 DM entfallenden Einkommensteuerbeträge eine Steuerverkürzung eingetreten. Die Vorsätzlichkeit der Handlung des Engelbert Sparstrumpf kann unstreitig bejaht werden. Somit hat sich Engelbert Sparstrumpf wegen Steuerhinterziehung strafbar gemacht.

32. Sachspenden an Vereine

Helge Müller ist aktives und trainierendes Mitglied des örtlichen Turn- und Sportvereins Borussia e.V. Jedes Wochenende tritt er mit seinem nur aus Hobbyfußballern bestehenden Club gegen die in der selben Klasse spielenden umliegenden Vereine an. Stolz ist er vor allen Dingen auf das erst seit drei Monaten angemietete Clubhaus. Hier hat er mit eigener Hände Arbeit zur Nutzbarkeit mitgeholfen. Außerdem konnte er bei sich zu Hause mal so richtig entrümpeln: Er hat Omas alte Couch, den alten schäbigen Fernsehsessel, die alte Eßecke und sogar noch einen abgenutzten Teppich als vorläufige Innenausstattung für das Clubhaus seinem Turn- und Sportverein Borussia e.V. geschenkt.

Wegen seines an den Tag gelegten Engagements und auch der Schenkung der „wertvollen" Ausstattungsgegenstände erhält er vom Vereinsvorsitzenden eine Quittung über eine an den Verein geleistete Spende über 2.000 DM. Tatsächlich hätte Helge Müller die Gegenstände nur noch verschenken können. Ein realer Wert existiert auf jeden Fall nicht mehr.

Im Rahmen seiner Einkommensteuererklärung führt die über 2.000 DM eingereichte Spendenquittung zu einer netten Steuererstattung.

Fazit:
Helge Müller hat durch Einreichung einer der Höhe nach nicht gerechtfertigten Spendenquittung die hierauf entfallenden Einkommensteuerbeträge verkürzt. Auch wenn sein tatsächliches Engagement an Arbeitsleistung recht hoch war, führt dies mangels tatsächlichen Abflusses bei Helge Müller nicht dazu, daß der Turn- und Sportverein Borussia e.V. dazu berechtigt gewesen wäre, hierüber eine Spendenquittung auszustellen. Da die „Möbel" ebenfalls keinen tatsächlichen Wert hatten, ist die Spendenquittung auch insoweit ungerechtfertigt. Helge Müller mußte sich auch dieser überzogenen Spendenquittung bewußt sein. Daher handelte er hinsichtlich der eingetretenen Steuerverkürzung vorsätzlich.

Somit hat sich Helge Müller wegen Steuerhinterziehung strafbar gemacht. Des weiteren hat sich der Vorstand des Turn- und Sportvereins Borussia e.V. als Organ des Vereins zumindest wegen Beihilfe zur Steuerhinterziehung strafbar gemacht, da er eine ungerechtfertigte Spendenquittung ausstellte.

So wird's gemacht:

Aus einer Spendenbestätigung über eine Sachspende müssen der Wert und die genaue Bezeichnung der gespendeten Sache ersichtlich sein. Handelt es sich um ein Wirtschaftsgut aus dem Privatvermögen, so ist die Höhe der Ausgabe mit dem sog. Gemeinwert (entspricht Verkehrswert) anzusetzen. Erfolgt die Zuwendung des Wirtschaftsguts aus einem Betriebsvermögen, so hat der Spender ein Wahlrecht: Entweder er spendet das Wirtschaftsgut zum Buchwert und verzichtet hierdurch auf die Aufdeckung der stillen Reserven, oder er spendet zum Teilwert. Die jeweils anfallende Umsatzsteuer erhöht die Spendenausgabe.

33. Mietflächenberechnung bei eigener Immobilie zu gering

Ein Traum wird war: Das Eigenheim ist da! Lange genug hatten sie darauf gespart und gewartet, jetzt waren die Eheleute Heinrich und Helene Heim überglücklich. Doch der Fiskus ließ sie in ihrem Glück nicht lange allein: Sandte er ihnen doch einen Einheitswertfeststellungsbogen zu, damit die um das Eigenheim bereicherte Stadt sogleich auch die fällige Grundsteuer erheben konnte.

In dem Fragebogen waren vor allen Dingen neben der Art des Hauses und der Qualität seiner Errichtung auch Fragen zur Wohn- und Nutzfläche zu beantworten. Unter Beifügung der Baupläne wurden diese Fragen nach der Wohn- und Nutzfläche getreu des Architektenentwurfs beantwortet. Tatsächlich hatten die Eheleute Heim jedoch über den Bauentwurf hinaus das Dachgeschoß komplett und auch den größten Kellerraum ebenfalls zur Bewohnung nutzbar machen lassen. Die hierdurch neu gewonnenen Wohnflächen gaben sie jedoch bei der Beantwortung des Fragebogens nicht mit an.

Daraufhin erging ein Einheitswertbescheid, der sich allein auf die Angaben der Eheleute Heinrich und Helene Heim stützte. Wenig später folgte auf dieser Grundlage der erste Grundsteuerbescheid der Stadt.

Fazit:
Heinrich und Helene Heim haben im Rahmen der Beantwortung des Fragebogens des Finanzamts zur Bestimmung eines Einheitswerts den Ausbau des größten Kellerraums und auch des gesamten Dachgeschosses verschwiegen. Hierdurch erfolgt eine Feststellung des Einheitswertes des Neubaus in zu geringer Höhe. Folglich tritt hinsichtlich des auf dem Einheitswertbescheid beruhenden Grundsteuerbescheides eine Steuerverkürzung ein.

Indem die Eheleute Heinrich und Helene Heim die ergänzenden Angaben zum Bauplan absichtlich unterlassen haben, handelten sie vorsätzlich. Somit haben sie sich wegen Steuerhinterziehung strafbar gemacht.

34. Flugzeuge im Bauch?

Die Entertainerin Barbara Schreineflug erweist sich als vielseitig: Hat sie doch tatsächlich, nachdem sie ein Gewerbe „Vercharterung von Luftfahrzeugen" angemeldet hatte, auch ein Flugzeug erworben. Zur Finanzierung der Anschaffungskosten von 2,5 Mio. DM verwendete sie ein Bankdarlehen, für das der als Rechtsanwalt niedergelassene Ehemann als Gesamtschuldner haftete. Nach ihren Angaben erhielt sie für den Kauf von ihrem Vater weitere 500.000 DM und zahlte den Rest aus Ersparnissen und von einem auf den Namen des Ehemanns lautenden Bankkonto. Natürlich hatte Barbara Schreineflug für dieses Konto Vollmacht. Die Eheleute hatten seinerzeit beide Einkünfte aus nichtselbständiger Arbeit; die Gehälter beider Eheleute wurden von den Arbeitgebern auf das eben genannte Konto überwiesen.

Das Flugzeug wurde seit der Anschaffung während eines Zeitraumes von 3 1/2 Jahren doch immerhin ca. 500 Stunden geflogen, davon nach den von Margarethe Schreineflug ausgestellten Rechnungen lediglich 45 Stunden von Fremden und im übrigen von ihrem Ehemann, der über eine Pilotenausbildung verfügte. Der Ehemann war zunächst als Angestellter der Firma „Anlegerschutz" in Bonn beschäftigt und danach selbständig tätig. Das Flugzeug war in Düsseldorf stationiert. Der Ehemann von Barbara Schreineflug benutzte das Flugzeug beruflich, insbesondere auch zum Flug zu seinen Arbeitsstätten nach Berlin und München. Margarethe Schreineflug stellte für diese Flüge ihres Göttergatten Rechnungen aus, in denen die Umsatzsteuer gesondert ausgewiesen war, und zwar bis zu seinem Ausscheiden aus der Firma „Anlegerschutz" an diese, danach an ihren Ehemann. Die Firma „Anlegerschutz" hatte zu Margarethe keine Vertragsbeziehungen. Sie rechnete mit ihrem Mann lediglich dessen Reisekosten ab und hatte ihn schließlich schriftlich darauf hingewiesen, daß die Benutzung eines Flugzeugs seine Privatangelegenheit sei und keinesfalls im Auftrag der Firma geschehe. Nach einer Aufstellung der Firma wurden auch nur Teilbeträge der in Rechnung gestellten Flugkosten von der Firma erstattet. Der Ehemann sorgte jedoch stets für den vollen Ausgleich der Rechnungen seiner Frau.

Die jährlich anfallenden Verluste glichen die Eheleute Schreineflug im Rahmen ihrer Einkommensteuererklärung mit ihren übrigen positiven Einkünften aus, so daß sie ihre Steuerlast minimieren konnten. Selbstverständlich wurden auch sämtliche Vorsteuern aus Anschaffung und Betrieb geltend gemacht.

Fazit:
Ob die Vercharterung des Flugzeugs tatsächlich ein gewerbliches Unternehmen begründet hat, ist äußerst fraglich. Eine an Fremde erfolgte Vermietung über gerade mal 45 Stunden in 3 1/2 Jahren vermag mangels Nachhaltigkeit offensichtlich keinen Gewerbebetrieb zu begründen.
Wie im vorliegenden Fall ist ein Gegenstand, der sowohl unternehmerisch als auch nichtunternehmerisch verwendet werden kann, zwar dann als insgesamt für das Unternehmen angeschafft anzusehen, wenn ihm der Unternehmer dem Unternehmen zugeordnet hat. Hierbei reicht es aus, daß der Gegenstand im Umfang des vorgesehenen Einsatzes für unternehmerische Zwecke in einem objektiven und erkennbaren wirtschaftlichen Zusammenhang mit der gewerblichen oder beruflichen Tätigkeit steht und diese fordern soll. Die Entscheidung des Unternehmers über die Zuordnung zum Unternehmen äußert sich regelmäßig in der Geltendmachung des Vorsteuerabzugs bei der Anschaffung. Eine Zuordnung zum Unternehmen kann der Unternehmer allerdings dann nicht vornehmen, wenn der Bezug einer Leistung nach den gesamten Umständen allein für die nicht unternehmerische (private) Nutzung bestimmt ist, oder wenn der vorgesehenen Verwendung für das Unternehmen nur eine so unwesentliche Bedeutung zukommt, daß der Gegenstand insgesamt als Teil des unternehmensfremden Bereichs anzusehen ist.

Zumindest die letztgenannte Gestaltung ist im Streitfall von Barbara Schreineflug gegeben. Der festgestellte zeitliche Umfang der als unternehmerische Verwendung in Betracht kommenden Vercharterung an Fremde ist im Verhältnis zum Umfang der gesamten Verwendung des Flugzeuges so gering, daß die Entscheidung von Barbara Schreineflug, das Flugzeug insgesamt dem Unternehmen zuzuordnen, nicht anzuerkennen ist.

Eine über den Umfang der Vercharterung an Fremde hinausgehende unternehmerische Verwendung des Flugzeugs durch Barbara Schreineflug läßt sich auch nicht mit den übrigen Tatsachen begründen: Denn danach hat Barbara zumindest bis zu dem Zeitpunkt, in dem ihr Ehemann sein Arbeitsverhältnis bei der Firma „Anlegerschutz" gelöst hat, weitere auf Entgelt gerichtete Leistungen nicht ausgeführt. Vermietungsleistungen an die Firma „Anlegerschutz" hatte Barbara Schreineflug entgegen ihren Ausführungen nicht erbracht, denn zwischen der Firma und ihr bestanden keine direkten Leistungsbeziehungen. Insoweit war auch nicht zu beanstanden, daß das Finanzamt angenommen hatte, daß Barbara die in Rechnungen an die Firma „Anlegerschutz" gesondert ausgewiesene Steuer der Strafe halber schulde. Es konnte aber auch nicht – zum Vorteil von Barbara – nicht davon ausgegangen werden, daß Leistungsbeziehungen zu ihrem Ehemann bestanden. Da Barbara in ihren Rechnungen die Vercharterung anläßlich der Flüge ihres Ehemannes gegenüber der Firma „Anlegerschutz" abgerechnet hatte, war nicht anzunehmen, daß aufgrund der Entgeltsabrede mit ihrem Ehemann die Reisekostenerstattung durch die Firma „Anlegerschutz" für den Ehemann als Gegenleistung für die Flugzeugüberlassung an diesen erfolgt sei. Hiergegen spricht schon, daß die Höhe des Entgelts von der anderen Kriterien folgenden Erstattung von Reisekosten durch den Arbeitgeber des Ehemannes von Barbara abhängig war. Auch soweit der Ehemann das Flugzeug für Flüge von und zu seiner Arbeitsstätte benutzt hat und diese Flüge auch nicht der Firma in Rechnung gestellt worden sind, kann Barbara auch nicht nachweisen, daß das Flugzeug ihrem Ehemann gegen Entgelt zur Verfügung gestellt war.

Somit kann festgestellt werden, daß mangels Vorliegens eines gewerblichen Unternehmens die für das Privatvergnügen eines Flugzeugs in Anspruch genommenen Vorsteuerbeträge und auch der Verlustausgleich im Rahmen der Einkommensteuererklärung zu einer Steuerverkürzung geführt haben. Diese ist ganz offensichtlich billigend in Kauf genommen worden, so daß ein Vorsatz bejaht werden kann. Somit hat sich Barbara Schreineflug wegen Steuerhinterziehung strafbar gemacht.

35. Gefälligkeitsrechnung

Rudi Schmidt ist als freischaffender Journalist tätig. Mit seinen eher mäßigen Beiträgen gelingt es ihm gerade, sich und seine Familie über Wasser zu halten. Gerne führt er auch für Kollegen Tätigkeiten aus, indem er ihnen Recherchearbeiten abnimmt. Um die Weihnachtszeit trifft er auf Klaus Kamera, der sehr viel erfolgreicher als Rudi Schmidt ist. Klaus Kamera und Rudi Schmidt tauschen zunächst Geschichten aus dem Leben und Alltag eines Journalisten aus. Im weiteren Verlauf des Gespräches berichtet Klaus Kamera, daß er im laufenden Jahr so erfolgreich wie die letzten drei Jahre zusammen gewesen wäre. Weiter führt er aus, daß es ihm schon davor graut, wenn er an die im nächsten Jahr fällige Einkommensteuerabschlußzahlung denken würde. Außerdem sagt er: „So eine bodenlose Ungerechtigkeit! Da vereinnahmt man als Journalist über Jahre so gut wie gar nichts, und dann erntet man in einem Jahr dafür den gesamten Erfolg der vorher investierten Arbeit – und dann muß man aufgrund des nunmehr hohen Steuersatzes viel mehr Steuern zahlen, als wenn man vorher die Honorarsumme in den jeweiligen Jahren erhalten hätte!“ „Da hast Du wohl recht!“ kann Rudi Schmidt dem nur noch hinzufügen. Auf einmal kommt Klaus Kamera eine Idee: „Was hältst Du davon, wenn Du mir jetzt noch im Dezember eine Rechnung über 15.000 DM für geleistete Recherchetätigkeiten stellst und ich Dir dann das Geld auf Dein Konto überweise. Du kannst mir das ja dann mal irgendwann so wiedergeben – auf jeden Fall mußt Du ja voraussichtlich keinerlei Steuern zahlen, und so spare ich dann ca. 50 % Einkommensteuer! Ansonsten kann ich Dir ja auch einfach nächstes Jahr eine Rechnung schreiben, falls bei mir die Geschäfte schlechter laufen sollten!“ Rudi Schmidt fühlt sich zwar von dieser doch recht außergewöhnlichen Bitte des Klaus Kamera ein wenig überrumpelt, will aber im Hinblick auf weitere Geschäftsbeziehungen oder auch Empfehlungen durch Klaus Kamera diese Bitte nicht abschlagen. Daher schreibt er noch am selben Tag eine Rechnung über den vereinbarten Betrag, woraufhin er noch pünktlich am 28.12. den Betrag auf seinem Konto gutgeschrieben erhält.

Fazit:

Hier hat Rudi Schmidt dem Klaus Kamera eine sogenannte Gefälligkeitsrechnung erstellt. Hierdurch wird der Anschein erweckt, daß Rudi Schmidt für Klaus Kamera Arbeiten ausgeführt und daher einen Vergütungsanspruch hat. Die Zahlung der Rechnung durch Klaus Kamera erscheint bei diesem als gewinnmindernde Betriebsausgabe und wird bei Rudi Schmidt als gewinnerhöhende Betriebseinnahme erfaßt. Somit kommt es bei Klaus Kamera zu einer entsprechenden vermindernden Festsetzung der Einkommensteuer und folglich zu einer Steuerverkürzung. Bei Rudi Schmidt läuft die gestellte Rechnung „ins Leere". Klaus Kamera handelt bezüglich dieser Steuerverkürzung vorsätzlich. Daher hat sich Klaus Kamera wegen Steuerhinterziehung strafbar gemacht. Die Rechnungsstellung durch Rudi Schmidt ist mindestens im steuerstrafrechtlichen Sinne als strafbare Beihilfehandlung zur Steuerhinterziehung des Klaus Kamera zu sehen.

36. Abweichendes Wirtschaftsjahr

Am 28. Februar 1998 schlossen die Eheleute Dietmar und Nudel Kohle nach drei Wochen glücklichen Ehelebens einen Vertrag zur Errichtung der „Pro-Kultur-OHG". Danach ist Gegenstand dieser Gesellschaft, Beteiligungen an Gesellschaften und Unternehmen zu erwerben und zu verwalten – vorwiegend im Show-Business. Das Wirtschaftsjahr der „Pro-Kultur-OHG" sollte vom 1. Februar bis zum 31. Januar laufen. Das Amtsgericht Hamburg trug die Gesellschaft am 1. März 1998 in das Handelsregister ein. Sie führt keine Umsätze aus und beschäftigt auch keine Arbeitnehmer, sondern unterhält lediglich Bankkonten. Mit weiteren Verträgen vom 28. Februar 1998 übertrugen die Eheleute Kohle auf die „Pro-Kultur-OHG" mit Wirkung vom 1. Januar 1998 ihre 92 %ige Beteiligung an der „Lust und Leben GmbH & Co. KG" sowie ihre insgesamt 95 %ige Beteiligung an der „Spaß und Freund KG"; ferner traten sie ihren 92 %igen Anteil an der GmbH, die als Komplementär an der „Lust und Leben GmbH & Co. KG" beteiligt ist, an die „Pro-Kultur-OHG" ab. Alle Firmen, deren Beteiligungen die Eheleute Dietmar und Nudel Kohle auf die OHG übertrugen, haben ein Wirtschaftsjahr, das vom 1. März bis zum 28. bzw. 29. Februar läuft. Sämtliche vom Kalenderjahr abweichenden Wirtschaftsjahre waren von seiten der Finanzverwaltung gebilligt worden.

Die „Pro-Kultur-OHG" gab für das Jahr 1999 eine Erklärung zur einheitlichen und gesonderten Feststellung der Einkünfte ab, die mit einem Verlust von 6.470 DM endete. Dieser Verlust ergibt sich aus Gebühren und Beiträgen sowie Rechtsberatungskosten. Die Beteiligungsgewinne von unstreitig 12.325.426 DM, die aus den Beteiligungen der „Pro-Kultur-OHG" herrühren, setzte sie nicht an, weil die Beteiligungsunternehmen das Wirtschaftsjahr erst zum 29. Februar 1999 abschlossen, mithin nach Schluß des Wirtschaftsjahres der „Pro-Kultur-OHG" zum 31. Januar 1999. Das Finanzamt folgte den Angaben.

Fazit:

Das Finanzamt erließ einen Bescheid über die einheitliche und gesonderte Feststellung der Einkünfte für das Jahr 1999 mit dem Verlust von

6.470 DM, obwohl in dem Jahr 1999 insgesamt Einkünfte von 12.325.426 DM versteuert werden müßten – wenn kein abweichendes Wirtschaftsjahr vorläge.

Daher stellt sich die Frage, ob die Wahl des Wirtschaftsjahrs der „Pro-Kultur-OHG" vom 1. Februar bis zum 31. Januar nicht nur zum Zweck der Umgehung der Versteuerung in 1999 gewählt wurde. Nach ständiger Rechtsprechung ist eine Umgehung bei einer Gestaltung gegeben, die, gemessen an dem erstrebten Ziel, unangemessen ist, der Steuerminderung dienen soll und durch wirtschaftliche oder sonstige beachtliche nicht steuerliche Gründe nicht zu rechtfertigen ist. Als Steuerminderung im genannten Sinne ist auch das Hinausschieben des Entstehens oder der Fälligkeit des Steueranspruchs zu sehen. Den Eheleuten Kohle ist es zwar grundsätzlich nicht verwehrt, ihre rechtlichen Verhältnisse so zu gestalten, daß sich eine geringere steuerliche Belastung ergibt. Die von den Eheleuten Dietmar und Nudel Kohle gewählte Rechtsgestaltung ist der Besteuerung jedoch dann nicht zugrunde zu legen, wenn sie ausschließlich der Steuerminderung dient und bei sinnvoller, Zweck und der Rechtsordnung berücksichtigender Auslegung vom Gesetz mißbilligt wird. Diese Voraussetzungen für die Annahme einer mißbräuchlichen Gestaltung sind im vorliegenden Fall erfüllt. Da die „Pro-Kultur-OHG" selbst keine aktive Wirtschaftstätigkeit ausübt, mithin branchenspezifische Gesichtspunkte für die Wahl des Wirtschaftsjahrs nicht in Betracht kommen können, kann die Wahl gerade des Wirtschaftsjahres vom 1. Februar bis zum 31. Januar nur den einzigen Grund gehabt haben, die jeweils zum 28. (29.) Februar entstandenen Gewinne der Untergesellschaften nicht im laufenden Veranlagungszeitraum, sondern einen Veranlagungszeitraum später der Besteuerung unterwerfen zu müssen. Gestaltungen dieser Art sind eindeutig dem steuerlichen Gestaltungsmißbrauch zuzuordnen.

37. Eine Rechnung – 7x kopieren und absetzen

Alljährlich plagen Manfred Zehnpfennig dieselben Sorgen: Wie kann er es erreichen, daß er, der er mit der Lohnsteuerklasse I am höchsten steuerlich belastet ist, wenigstens „ein paar Mark zurückbekommt!" Alljährlich unterhalten seine Kollegen und er sich fast ausschließlich über dieses Thema, sobald sie ihre Lohnsteuerkarte in den Händen halten:
Der eine erzählt, daß er ein paar Belege über Fachliteratur habe, der andere hat tatsächlich für Zwecke der Berufsausübung einen Computer angeschafft, und der dritte hat aufgrund umfangreicher häuslicher Ausarbeitungen viele Belege über Büromaterialien. So hat also jeder für sich betrachtet tatsächlich ihm zustehende Kosten gehabt, die er als Werbungskosten absetzen kann, ist aber nicht mit deren Höhe einverstanden.

Daher beschließen Manfred Zehnpfennig und seine Kollegen, den „Werbungskostennachweis" neu zu definieren: Sie treffen sich nach der normalen Arbeitszeit mit ihren jeweiligen Belegen und beginnen, diese fröhlich in der für alle Kollegen benötigten Anzahl zu kopieren.

Im Rahmen der Erstellung der Einkommensteuererklärung geht Manfred Zehnpfennig folglich nunmehr her und macht sämtliche Werbungskosten aufgrund „beigefügt kopierter Belege" geltend. Immerhin hat er sich auf diese Art und Weise Werbungskosten in Höhe von 3.000 DM erschlichen. Das Finanzamt sieht aufgrund der eingereichten kopierten Belege den Nachweis der Werbungskosten als erfolgt an und veranlagt Manfred Zehnpfennig erklärungsgemäß.

Fazit:
Manfred Zehnpfennig macht in seiner Einkommensteuererklärung Werbungskosten geltend, die er selbst nicht gehabt hat. Aufgrund der eingereichten von seinen Kollegen kopierten Belege kommt es in Höhe der darauf entfallenden Einkommensteuerbeträge zu einer Steuerverkürzung. Diesbezüglich handelte Manfred Zehnpfennig auch vorsätzlich. Somit hat sich Manfred Zehnpfennig wegen Steuerhinterziehung strafbar gemacht.

38. „Studienreisen“ bzw. -„tagungen“

Bei einem Meeting beschließen die wissenschaftlichen Assistenten und Hilfskräfte eines Lehrstuhls, daß „zur Ausprägung des Zusammenhalts“ es doch bestimmt keine schlechte Idee sei, wenn man die weiteren gemeinsamen Interessen zum Anlaß nehme und auch zusammen eine Woche lang zum Wintersport fahren würde. Damit das gesamte Vorhaben auch einen offiziellen äußeren Rahmen bekam, wurde allseits beschlossen, daß jeder Teilnehmer, der mitfährt, sich auch verpflichten müsse, ein 20minütiges Referat über ein seine Arbeit betreffendes Thema vorzutragen und sich einer anschließenden Diskussionsrunde im selben Umfang zu stellen. So geschah es, daß alle wissenschaftlichen Mitarbeiter und Hilfskräfte sogar noch den Professor, für den sie tätig waren, zur Mitreise überreden konnten. Danach wurde noch ein „öffentlicher“ Aushang in der Universität im Schaukasten ausgehängt, auf dem die Möglichkeit der Mitnahme weiterer Studenten angepriesen wurde. Tatsächlich waren jedoch schon alle Plätze belegt. Die Durchführung der Studienreise vollzog sich folgendermaßen: Täglich von 8.30 – 11.00 Uhr waren Vortrags- und Diskussionsbeiträge von montags – freitags angesetzt, ebenso von 17.30 – 20.30 Uhr. Die dazwischen liegende Zeit konnte „frei“ gestaltet werden. So hatte also jeder Seminarteilnehmer ausreichend Zeit, die Zwischenzeit für eigene Zwecke wie z.B. Skifahren zu nutzen. Die einzelnen vorgetragenen Seminarthemen und deren Diskussion wurden auch tatsächlich und ernsthaft geführt. Im Anschluß an das Seminar erhielt jeder Teilnehmer eine Bestätigung über die Teilnahme sowie die Fahrt- und Unterbringungskosten. So auch der wissenschaftliche Assistent Wolfgang Heinrich. Im Rahmen der Erstellung seiner Einkommensteuererklärung fügte er als Anlage zu seiner Werbungskostenaufstellung die erhaltenen Bestätigungen bei und machte die „Studienreise“ voll umfänglich als Fortbildungskosten geltend. Aufgrund der Bescheinigung akzeptierte das Finanzamt diese, weil es die berufliche Veranlassung für nachgewiesen ansah.

Fazit:
Wolfgang Heinrich hat die Kosten der sogenannten Studienreise als Fortbildungskosten geltend gemacht und auch erfolgreich abgesetzt.

Tatsächlich lag das private Interesse der Reise im Vordergrund: Die eingeräumte „Mittagspause“, die zum Betreiben des Wintersports genutzt werden konnte und wurde, stand aufgrund ihres Umfanges klar im Vordergrund. Somit handelt es sich insgesamt betrachtet um eine Reise, deren private Mitveranlassung nicht nur von untergeordneter Bedeutung war. Ein Werbungskostenabzug scheidet daher aus. Folglich kommt es in Höhe der auf die vermeintlichen Kosten der Studienreise entfallenden Einkommensteuerbeträge zu einer Steuerverkürzung. Ein Vorsatz diesbezüglich ist zu bejahen. Somit hat sich Wolfgang Heinrich wegen Steuerhinterziehung strafbar gemacht.

39. „Ruhendes“ Studium

Sebastian Spar hat sich nach dem Abitur dazu entschlossen, bei einer großen inländischen Bank eine Ausbildung zum Bankkaufmann zu absolvieren. Nach Ablauf der Lehre beschließt er, das ihm entgegengebrachte Angebot auf Übernahme anzunehmen. Da bis kurz nach der mündlichen Prüfung nicht klar war, ob Sebastian Spar auch tatsächlich nach erfolgreicher Absolvierung der Abschlußprüfung übernommen werden würde, hatte er sich vorsorglich schon um einen Studienplatz der Betriebswirtschaftslehre bemüht. Dieser war ihm auch für die Universität in der Nähe seines Wohnortes zugeteilt worden. Tatsächlich dachte er jetzt – wo er doch Geld verdienen konnte – nicht mehr im Traum daran, das Studium tatsächlich aufzunehmen. Vielmehr genoß er am Monatsende den Blick auf seine Kontensaldi und bemitleidete seine ehemaligen Schulfreunde, „die immer noch in Jeans rumlaufen mußten“.

Sebastian Spar ließ sein Studium zwar ruhen, entrichtete aber jeweils pünktlich vor Semesterbeginn seine Einschreibungsgebühren. Im Rahmen seiner Einkommensteuererklärung setzte er im Bereich der Sonderausgaben pauschal den Höchstbetrag für Ausbildungskosten in Form von Studienkosten in Höhe von 1.800 DM an. In den Erläuterungen schrieb er „Studium der Betriebswirtschaftslehre, Einschreibegebühren, Fachliteratur, Fahrtkosten, Arbeitsgemeinschaften etc“. Da er keinen einzigen Beleg über tatsächliche Kosten der Steuererklärung beigefügt hatte, war seine Freude umso größer, als er bei Durchsicht seines Einkommensteuerbescheides feststellte, daß die Ausbildungskosten in voller Höhe gewährt worden war.

Fazit:
Sebastian Spar hat durch die Angabe der fiktiven Studienkosten Ausbildungskosten in Höhe von 1.800 DM geltend gemacht. Dieser Ansatz ist schon deswegen falsch, weil Sebastian Spar tatsächlich nicht in der vollen Höhe Kosten für seine Einschreibung entstanden sind und er des weiteren das Studium auch gar nicht betreibt. Somit kommt es in Höhe der auf die zu hoch angesetzten Studienkosten entfallenden Einkom-

mensteuerbeträge zu einer Steuerverkürzung. Sebastian Spar handelte diesbezüglich auch vorsätzlich. Daher hat sich Sebastian Spar wegen Steuerhinterziehung strafbar gemacht.

40. Arbeitsmittel werden innerhalb der Familie bei größerer Progression abgesetzt

Gustav Genau hat das Juweliergeschäft, das er führt, bereits von seinem Vater übernommen. In der Familie der Genaus ist es eine Jahrhunderte zurückreichende Familientradition, daß zumindest ein männlicher Nachkomme das Juweliergeschäft übernimmt. So kommt es – wie es kommen mußte – der Filius Günter Genau befindet sich ebenfalls in einer Ausbildung zum Goldschmied.

Neben größter Fingerfertigkeit verlangt dieser Ausbildungsberuf als zwingende weitere Voraussetzung Präzisionswerkzeug. Denn nur unter Verwendung von Präzisionswerkzeug können die bestmöglichen Ergebnisse erzielt werden.

So beschließen Gustav Genau und sein Sohn Günter, daß Günter „auch im Hinblick auf später" mal so richtig ausgestattet werden soll. Daher erwirbt Gustav Genau für seinen Sohn Günter eine komplette Zusammenstellung an Präzisionswerkzeugen im Wert von 12.000 DM.
Diese bezieht er im Namen seines Juweliergeschäfts, von dessen Geschäftskonto er auch den Rechnungsbetrag entrichtet. Diese spezielle Rechnung wird neben den weiteren Geschäftsvorfällen im Rahmen der normalen Buchführungsarbeiten erfaßt und als Betriebsausgabe verbucht. Daneben wird noch die in dem Rechnungsbetrag enthaltene Vorsteuer abgesetzt.

Fazit:
Gustav Genau hat „über" sein Juweliergeschäft für seinen Sohn Günter Präzisionswerkzeuge für dessen Ausbildung zum Goldschmied im Wert von 12.000 DM erworben. Da diese Werkzeuge lediglich von dem Sohn Günter für dessen Ausbildungszwecke verwendet werden, stellen sie keine Betriebsausgaben des Juweliergeschäfts dar.

Somit kommt es in Höhe der auf diese Ausgaben entfallenden Einkommensteuerbeträge zu einer Steuerverkürzung. Des weiteren wird auch die abgesetzte Vorsteuer aus dem Rechnungsbetrag der Präzisionswerkzeuge verkürzt. Ein Vorsatz zu diesen Handlungen liegt vor. Daher hat sich Juwelier Gustav Genau wegen Steuerhinterziehung der Einkommen- und Umsatzsteuerbeträge strafbar gemacht.

41. Verschiebung von Einkommen der Kinder untereinander wegen Kinderfreibeträgen bzw. Ausbildungsfreibeträgen

Die Eheleute Mark und Judith Pulver haben zwei Töchter: Liese und Lotte. Diese studieren beide Medizin. Während der Semesterferien jobben sie nebenbei auch in einem Krankenhaus am Studienort. Da Lotte kurz vor ihrem ersten Staatsexamen steht, arbeitet sie nur sporadisch im Krankenhaus. Liese ist hingegen fleißiger. So kam es, daß der gemeinsame Vater Mark Pulver sich seiner Töchter annahm und sagte: „Ihr dürft nicht mehr als ca. 5.500 DM brutto verdienen, ansonsten kann ich für euch jeweils keinen Ausbildungsfreibetrag mehr geltend machen. Solltet ihr doch einmal in einem Jahr auf jeden Fall darüber liegen, so bleibt bitte unter 14.000 DM brutto Arbeitslohn, da ich ansonsten auch noch das für euch erhaltene Kindergeld zurückzahlen müßte." Im laufenden Jahr hatte Liese schon 9.000 DM verdient. Lotte hingegen lag erst bei 5.000 DM. Da auch bald für Liese die entscheidende Klausurphase begann, beschlossen so Vater Mark Pulver und Töchter Liese und Lotte, daß Lotte zukünftig ihre Stunden, die sie arbeitet bei Liese mit aufzeichnete. So hatte am Ende des Jahres Liese einen Bruttoarbeitslohn von 12.000 DM und Lotte einen in Höhe von 5.600 DM. Daraufhin beantragten die Eheleute Mark und Judith Pulver im Rahmen der Erstellung ihrer Einkommensteuererklärung unter Angabe der jeweiligen Bruttoverdienste beider Töchter für diese die Beibehaltung des Kindergeldes bzw. für Lotte einen vollen Ausbildungsfreibetrag in Höhe von 4.200 DM, da beide Töchter in einer entfernten Stadt studierten und auch dort lebten.

Fazit:

Die Töchter Liese und Lotte der Eheleute Mark und Judith Pulver haben durch ein Verschieben der von ihnen tatsächlich erzielten Arbeitslöhne aus ihrer Tätigkeit im Krankenhaus erreicht, daß die Eltern zumindest für ihre Tochter Lotte einen vollen Ausbildungsfreibetrag in Höhe von 4.200 DM in ihrer Einkommensteuererklärung ansetzen. Tatsächlich ist jedoch ein Teil des Bruttoarbeitslohns, der auf der Lohnsteuerkarte der Tochter Liese bescheinigt ist, der Tochter Lotte zuzurechnen, so daß es zu einer Kürzung des Ausbildungsfreibetrags gekommen wäre. In Höhe der auf diesen Kürzungsbetrag entfallenden Einkommensteuern haben somit die Eheleute Mark und Birgit Pulver Steuern verkürzt. Es kann davon ausgegangen werden, daß sie um die Einnahmeverschiebung des Arbeitslohns von Lotte auf Liese Bescheid wußten. Daher ist Vorsatz zu bejahen. Somit haben sich die Eheleute Mark und Judith Pulver wegen Steuerhinterziehung strafbar gemacht.

42. Computer als Arbeitsmittel

Christian Kurz ist im privaten stolzer Familienvater zweier schulpflichtiger Kinder und beruflich seit 20 Jahren Fernsehtechniker. Damit die Kinder mit der Zeit gehen, folgt er dem Ratschlag einschlägiger Erziehungsblätter und schafft einen Computer an. Des weiteren befolgt er die laufenden Ratschläge der Presse, auf welche Dinge man beim Computerkauf achten müßte, damit das Finanzamt den Computer als Arbeitsmittel anerkennt. Zur Sicherheit erwirbt er ein sehr gut ausgestattetes und ausgerüstetes Gerät, um nicht „in zwei Jahren wieder so einen Kasten kaufen zu müssen!“ Hierbei beachtet er peinlich genau die Vorgaben, die die Finanzverwaltung als Mindeststandard gemacht hat.

Um im Rahmen der Erstellung seiner Einkommensteuererklärung auf Nummer sicher zu gehen, folgt er noch einem weiteren Tip und läßt sich von seinem Chef eine Bestätigung dahingehend ausstellen, daß er aus Kostengründen selbst einen Computer anschaffen müßte, um zum einen stets die Möglichkeit des E-mail-Erhalts und -Versands und zum anderen auch zu Hause in seiner Freizeit Produktangebote der Einzellieferanten auf deren hierfür eigens geschaffenen CD-ROMs betrachten und durchleuchten zu können.

Indem das Finanzamt die berufliche Veranlassung der Nutzung des Computers durch Christian Kurz als nachgewiesen ansah, akzeptierte es die von ihm über vier Jahre angesetzte Abschreibung für Abnutzung. In Wirklichkeit wurde der Computer allerdings zu mehr als 80 % von seinen beiden schulpflichtigen Kindern genutzt, um entweder Computerspiele auszuprobieren oder auch im Internet zu surfen.

Fazit:
Christian Kurz hat im Rahmen seiner Einkommensteuererklärung einen Computer als Arbeitsmittel angegeben. Voraussetzung für die Absetzbarkeit von Arbeitsmitteln ist deren nahezu ausschließlich beruflich veranlaßte Nutzung. Da vorliegend der Computer jedoch zu mehr als 80 % von den Kindern des Christian Kurz benutzt wird, scheidet folglich die

Möglichkeit des Werbungskostenabzugs in Höhe der jährlichen Abschreibungsbeträge von vornherein aus.

Die hierauf entfallenden Einkommensteuerbeträge sind demnach verkürzt worden. Im Hinblick auf das vom Arbeitgeber des Christian Kurz gefertigte und der Einkommensteuererklärung beigefügte Schreiben und dem tatsächlichen Ansatz des Computers als Arbeitsmittel liegt offensichtlich ein Vorsatz des Christian Kurz hinsichtlich der Steuerverkürzung vor. Somit hat er sich wegen Steuerhinterziehung strafbar gemacht. Das Erstellen des Bestätigungsschreibens durch den Arbeitgeber kann als Beihilfehandlung zur Steuerhinterziehung angesehen werden.

43. Beendigung des Arbeitsverhältnisses gegen Abfindung

Arbeitnehmer Christoph Stetig ist seit 15 Jahren in der Position des Leiters der Buchführungsabteilung bei einem großen Konzern beschäftigt. Diese Position hat er seit drei Jahren inne und blockt bis dato erfolgreich jegliche Umsetzungsversuche ab. Eines Tages erhält er jedoch das Angebot, daß er den gerade frei gewordenen Platz des Leiters der Controllingabteilung übernehmen könne. Da sich Christoph Stetig nur schwer für jegliche Veränderungen begeistern läßt, schlägt ihm sein Arbeitgeber vor, damit Christoph Stetig „seinen Schnitt macht", daß das bestehende Arbeitsverhältnis als Leiter der Buchführungsabteilung gegen Zahlung einer Abfindung in Höhe von 16.000 DM „steuerfrei" endet und ein neuer Arbeitsvertrag hinsichtlich der Position des Leiters der Controllingabteilung von seiten des Konzerns mit Christoph Stetig geschlossen wird.

Bei so viel Engagement von Seiten der Geschäftsleitung kann sich Christoph Stetig nach einer Überlegungsnacht doch nur dazu hinreißen lassen, das Angebot und vor allem die „steuerfreie Abfindungsleistung" entgegen zu nehmen. Da der Konzern von der Steuerfreiheit ausgeht, erfolgt selbstverständlich kein entsprechender Eintrag auf der Lohnsteuerkarte von Christoph Stetig. Erst im Rahmen einer Betriebsprüfung ergibt sich die Frage, wofür denn Christoph Stetig die Zahlung von 16.000 DM ohne jeglichen Lohnsteuerabzug erhalten habe.

Fazit:
Christoph Stetig wird beim selben Konzern innerhalb der kaufmännischen Abteilung lediglich vom Leiter der Buchführungsabteilung zum Leiter der Controllingabteilung „befördert". Hierin kann keine eine Lohnsteuerfreiheit begründende Tatsache erblickt werden, die die Anwendung der Regeln über die Steuerfreiheit von Abfindungen zuläßt. Die im Rahmen des sogenannten „Aufhebungsvertrags" beschlossene Regelung über Zahlung einer Abfindung kann auch nicht hierüber hinwegtäuschen. Somit kommt es in Höhe der auf die Zahlung von 16.000 DM entfallenden Lohnsteuerbeträge zu einer Steuerverkürzung.

Es kann durchaus davon ausgegangen werden, daß sowohl Arbeitgeber als auch Christoph Stetig zumindest billigend in Kauf nahmen, daß eine Steuerverkürzung eintritt. Somit ist ein Vorsatz zu bejahen. Daher haben sich Christoph Stetig als Schuldner der Lohnsteuer und der Konzern als Haftungsschuldner wegen Steuerhinterziehung strafbar gemacht.

44. Scheinselbständigkeit

Andreas Backstein hat vor zwei Wochen sein erstes juristisches Staatsexamen erfolgreich nach drei Jahren Studium absolviert. Da es ihn jedoch nach einem Klimawechsel dürstet, hat er seinen Wohnsitz nach Kiel verlegt. Auf Nachfrage hat er erfahren müssen, daß er in Kiel mindestens zwei Jahre darauf warten muß, daß er einen Referendariatsplatz zugewiesen bekommt. Nach Jahren der Theorie ist Andreas Backstein durchaus daran interessiert, endlich einen Einblick in die herrliche Praxis des Berufslebens eines Rechtsanwalts zu erhalten. Allerdings will er es hierbei auch nicht übertreiben: So beschließt er, als „freier Mitarbeiter" halbtags vier Vormittage pro Woche – da ja donnerstags abends bei Studenten bekanntermaßen das Wochenende beginnt – bei einem Anwalt in Kiel tätig zu werden. Beide vereinbaren einen Vertrag über „freie Mitarbeit" auf Stundenbasis. Demnach schreibt Andreas Backstein allmonatlich an den ihn beschäftigenden Anwalt Rechnungen unter Angabe der monatlich gearbeiteten Stunden multipliziert mit dem vereinbarten Stundensatz. Die Rechnungsbeträge bekommt Andreas Backstein von dem ihn beschäftigenden Anwalt monatlich ungekürzt überwiesen. Sie bewegen sich immer zwischen 2.000 und 3.000 DM.

Fazit:

Fraglich ist, ob Andreas Backstein tatsächlich als freier Mitarbeiter für den Rechtsanwalt in Kiel tätig ist, oder ob es sich um eine sogenannte Scheinselbständigkeit handelt. Hierbei kommt es auf die tatsächlichen Verhältnisse an: Sofern Andreas Backstein im wesentlichen von dem Rechtsanwalt weisungsabhängig ist, handelt es sich in seiner Person tatsächlich um einen Arbeitnehmer. Kann er jedoch die geschuldete Leistung durch Dritte erbringen lassen, so ist er selbständig tätig. Vorliegend hat Andreas Backstein mit dem ihn beschäftigenden Rechtsanwalt feste Arbeitszeiten und auch einen festen Ort in der Kanzlei des Rechtsanwalts ausgehandelt. Des weiteren kann davon ausgegangen werden, daß Andreas Backstein arbeitnehmertypisch die Aufträge des Rechtsanwalts ausführt. Daher handelt es sich bei dem sogenannten „freien Mitarbeiter" Andreas Backstein um einen Scheinselbständigen. Die monatlichen Vergütungen des Andreas Backstein wurden in voller Bruttohöhe ausbezahlt. Ein Lohnsteuerabzug ist demnach unterblieben. In Höhe dieser nicht abgeführten Lohnsteuern ist somit eine Steuerverkürzung eingetreten. Ein Vorsatz kann dahingehend unterstellt werden, daß davon ausgegangen werden kann, daß Andreas Backstein und der ihn beschäftigende Rechtsanwalt zumindest die Möglichkeit einer Arbeitnehmereigenschaft billigend in Kauf nahmen und somit ein bedingter Vorsatz vorliegt. Daher haben sich Andreas Backstein als Lohnsteuerschuldner und der Rechtsanwalt als Haftungsschuldner der Lohnsteuer wegen Steuerhinterziehung strafbar gemacht.

45. „Kur“ als außergewöhnliche Belastungen

Franz- Josef Kneipp ist begeisterter Fan deutscher Luftkurorte. Um den Urlaub etwas spannender zu gestalten, entscheidet er sich alle paar Jahre dafür, doch auch die Vorzüge einer Kur im Rahmen des sowieso geplanten Urlaubs in Anspruch zu nehmen. Dies ist vor dem Hintergrund verständlich, daß Franz-Josef Kneipp der Meinung ist, daß eine Kontaktaufnahme unter Kurgästen und somit die Sicherung eines lustigen und unterhaltsamen Urlaubs am einfachsten erreicht werden kann. Um allerdings nicht zu sehr in den Kurbetrieb eingegliedert zu werden, sucht sich Franz-Josef Kneipp lieber anstatt eines Sanatoriums die an den Kurorten gelegenen Luxushotels zur Sicherstellung seiner Komfortansprüche bei der Unterbringung aus. „Schließlich ist Urlaub doch Urlaub!“ Und so verbringt Franz-Josef Kneipp seine Tage in abwechselnder Reihenfolge von Anwendungen, Schwarzwälder Kirschtorte und Kurkonzerten. Im Rahmen seiner Einkommensteuererklärung stellt er den Kurcharakter aufgrund seiner erlogenen Ausführungen allerdings so eindeutig in den Vordergrund, daß die von ihm geltend gemachten Kurkosten in Höhe von insgesamt 10.000 DM tatsächlich im Rahmen der Festsetzung seines Einkommensteuerbescheides in voller Höhe als außergewöhnliche Belastungen anerkannt werden.

Fazit:
Für Franz-Josef Kneipp stand eindeutig der Urlaubsgedanke im Vergleich zum Kurgedanken im Vordergrund. Die Kosten einer Kur können allerdings nur dann als außergewöhnliche Belastungen im Rahmen der Einkommensteuerfestsetzung berücksichtigt werden, wenn eine Abgrenzung zu einem Erholungsurlaub eindeutig ergeben hat, daß der Aufenthalt tatsächlich vordergründig zu Kurzwecken stattgefunden hat. Entgegen den Angaben in der Einkommensteuererklärung hat sich Franz-Josef Kneipp als begeisterter Besucher von Luftkurorten jedoch vordergründig als Urlauber aufgehalten. Hinsichtlich der Steuerbeträge, die durch den Ansatz der vermeintlichen Kurkosten als außergewöhnliche Belastungen ausfallen, ist somit eine Steuerverkürzung eingetreten.

Durch die explizite Angabe der Kurkosten im Rahmen der Einkommensteuererklärung handelte Franz-Josef Kneipp auch vorsätzlich. Somit hat sich Franz-Josef Kneipp wegen Steuerhinterziehung strafbar gemacht.

46. Heizöl statt Diesel fahren

Für Thomas D. Igel steht eines fest: Die Debatten um eventuelle Mineralölsteuererhöhungen interessieren ihn nicht! Dieses ist nicht vor dem Hintergrund zu sehen, daß Thomas D. Igel faszinierter Fußgänger oder Drahtesel-Liebhaber ist, sondern er unterhält ein für den Betrieb mit Diesel ausgelegtes Fahrzeug. Selbstverständlich liegt jetzt der Einwand nahe, Thomas D. Igel vorzuhalten, daß sich eine Erhöhung der Mineralölsteuer selbstverständlich auch auf Diesel auswirkt. Die Antwort hierauf seitens des Thomas D. Igel würde allerdings lauten: „Schon, aber nur indirekt!" Denn er unterhält im Garten seines Eigenheimes direkt neben seiner Garage einen großen Tank für den Betrieb der Ölheizung seines Hauses. Aufgrund einer raffinierten von Thomas D. Igel selbst konstruierten Abpumpvorrichtung ist es ihm ein leichtes, das Heizöl statt zur Heizungsanlage seiner Immobilie in den Tank seines Autos zur Förderung seiner Mobilität umzuleiten.

Fazit:
Heizöl- und Dieselkraftstoff sind von ihrer Beschaffenheit her im wesentlichen identisch. Da die Mineralölsteuer als Lenkungssteuer nur für den Betrieb von Kraftfahrzeugen gedacht ist, erfolgt der Vertrieb von Heizöl im Rahmen einer weitaus geringeren Besteuerung. Indem Thomas D. Igel das für seinen Leistungsbetrieb gedachte Heizöl für den Fahrbetrieb seines Pkws zweckentfremdet, fällt die Voraussetzung der Begünstigung von Heizöl weg, woraufhin der Steuersatz der Mineralölsteuer für den Betrieb von Kraftfahrzeugen Anwendung findet. In Höhe der Differenz kommt es zu einer Steuerverkürzung. Diese Steuerverkürzung erfolgt durch Thomas D. Igel auch vorsätzlich. Somit hat sich Thomas D. Igel wegen Steuerhinterziehung strafbar gemacht.

47. Grundstücksveräußerung „en Block“

J. Wehde ist Unternehmer und hat eine Leidenschaft für Grundbesitz: Nachdem er bereits 1991 ein 1990 erworbenes Grundstück und 1994 eine 1992 erworbene, zwischenzeitlich vermietete Eigentumswohnung veräußert hatte, erwarb er in den Jahren 1994 bis 1998 insgesamt 19 Mietwohngrundstücke, davon zwei im Jahr 1994, zwei im Jahr 1995, drei im Jahr 1996, zehn im Jahr 1997 und zwei im Jahr 1998. Der Gesamtkaufpreis für die Mietwohngrundstücke betrug einschließlich Nebenkosten 6.241.956 DM.

J. Wehde nutzte zunächst den gesamten Miethausbesitz weiterhin durch Vermietung der Wohnungen. Neben Instandhaltungskosten tätigte er Modernisierungsaufwendungen in Höhe von insgesamt 6.032.876 DM. Für eines der Mietwohngrundstücke wurde eine Abgeschlossenheitsbescheinigung für die Wohnungen beantragt.

Mit Verträgen vom 6. Oktober 1999 veräußerte J. Wehde sämtliche Mietwohngrundstücke für 40 Mio. DM an die im gleichen Jahr gegründete Mehr-Moos KG, die einzelne Wohnungen nach der Begründung von Wohnungseigentum in den folgenden Jahren veräußerte. Einzige Kommanditistin der Mehr-Moos KG war mit einer Einlage von 40.500 DM die Mutter von J. Wehde, Komplementärin mit einer Kapitalbeteiligung von 500 DM, die ebenfalls 1999 gegründete Mehr-Moos Grundstücksverwaltungs GmbH.

J. Wehde behandelte in seinen Steuererklärungen für die betreffenden Jahre die Einnahmen aus den Miethäusern als Einkünfte aus Vermietung und Verpachtung, wobei sich unter Inanspruchnahme der steuerlichen Vergünstigungen stets Verluste ergaben. Den Verkaufserlös im Jahr 1999 sah er als nicht steuerbare Einnahme aus privater Vermögensverwaltung an. Für die vier zuletzt erworbenen Häuser setzte er allerdings freiwillig einen Spekulationsgewinn in Höhe von 2.124.000 DM an.

Fazit:
Bei dem Kauf, der Modernisierung und dem Verkauf der Mietwohngrundstücke handelt es sich aufgrund des Umfanges um sogenannten gewerblichen Grundstückshandel. Daher sind die Einkünfte hieraus solche aus Gewerbebetrieb und nicht aus Vermietung und Verpachtung. Als Konsequenz tritt eine Gewerbesteuerpflicht ein. Des weiteren ist der Sachverhalt insbesondere auch unter dem Hinweis der Vorschrift über den steuerlichen Gestaltungsmißbrauch zu rügen: Die Mehr-Moos KG hat die einzelnen Wohnungen nach dem Erwerb oder nach entsprechender Begründung von Wohnungseigentum in den folgenden Jahren Stück für Stück veräußert, aber dabei nur einen geringen Gewinn erzielt. Der Verkauf der Grundstücke „en Block“ ist offenbar ausschließlich deshalb erfolgt, um die Besteuerung zu vermeiden, die bei einem gewerblichen Grundstückshandel erfolgt wäre. Die Mehr-Moos KG ist ferner ausschließlich aus Personen gebildet, die dem J. Wehde nahe stehen, so daß sie möglicherweise nur als Strohmann für ihn tätig geworden seien. Ob es sich dabei um ein Scheingeschäft oder ein Umgehungsgeschäft handle, ist im Ergebnis gleich. Denn eine mißbräuchliche Gestaltung kann auch dann vorliegen, wenn die Mittel, die die Mehr-Moos KG für den 40 Mio. DM Kaufpreis aufzuwenden hatte, entweder ganz oder zu einem erheblichen Teil von J. Wehde selbst stammten oder im wesentlichen erst aus dem Verkaufserlös für den Weiterverkauf der Wohnungen aufgebracht werden mußten. Denn die Mehr-Moos KG selbst hat nur eine ganz bescheidene Kapitalausstattung (40.100 M) gehabt. Da in jedem Fall eine der zuvor aufgeführten Alternativen zutrifft, hat sich J. Wehde durch die Verkäufe an die Mehr-Moos KG deren ausschließlich der Steuerersparnis für ihn dienendes Handeln zu eigen gemacht und damit selbstmißbräuchlich gehandelt. Dabei mußte er sich in diesem Fall den Weiterverkauf der Wohnungen durch die Mehr-Moos KG zurechnen lassen, was bei ihm selbst zur Gewerblichkeit führte.

Die unzutreffende Behandlung der aus dem Betrieb und der Veräußerung der Immobilien stammenden Einkünfte als nicht gewerbliche führt zu einer Steuerverkürzung. Daß dieses Handeln von Vorsatz getragen war, liegt auf der Hand. Somit hat sich J. Wehde wegen Steuerhinterziehung strafbar gemacht.

48. Abgekürzte Zahlungswege

„So ein Ärger!" dachte sich Fotograf Peter Targa. Da war er nur zwei Stunden zu einem Shooting weg gewesen und jetzt so was: Hatte ihm doch tatsächlich ein fremder Autofahrer den Rückspiegel abgefahren. Nach dem ersten Schock konnte sich Peter Targa jedoch wieder beruhigen. Der abgerissene Rückspiegel war noch da und fein säuberlich auf den Kofferraum gelegt worden, und unter einem Scheibenwischer befand sich auch die Visitenkarte des Übeltäters.

So konnte er bereits wenige Stunden später, nachdem er mit dem Verursacher und dessen Versicherer Rücksprache gehalten hatte, seinen Pkw in seine Stammwerkstatt zur Reparatur geben. Am nächsten Morgen war sogar schon wieder der ganze Spuk vorbei und der Wagen vollständig wiederhergestellt. Die Rechnung des betrieblich genutzten Pkws wurde selbstverständlich im Rahmen der normalen Buchführungsarbeiten zutreffend als Betriebsausgabe erfaßt.

Als von der gegnerischen Versicherung vier Wochen später der Schadenmeldungsbogen im Briefkasten lag, kam Peter Targa eine Idee: Warum nicht dem ärgerlichen Ereignis auch etwas Positives abgewinnen, dachte sich Peter Targa. So beschloß er, gegenüber der Versicherung im Schadenmeldungsbogen als Erstattungskonto eine von ihm privat genutzte Bankverbindung anzugeben. Weitere vier Wochen später wurde der Rechnungsbetrag auf seinem angegebenen Privatkonto gutgeschrieben. Absichtlich unterließ Peter Targa die Verbuchung der Versicherungserstattung als Betriebseinnahme.

Fazit:
Die Reparaturaufwendungen waren an dem betrieblich genutzten Pkw zutreffend als Betriebsausgabe verbucht worden. Korrespondierend hierzu hätte selbstverständlich auch die Erstattung der gegnerischen Versicherung als Betriebseinnahme erfaßt werden müssen. Dies ist unterblieben. Hierdurch kommt es in Höhe der auf die Reparaturkosten entfallenden Einkommensteuern zu einer Steuerverkürzung. Indem Pe-

ter Targa als Erstattungskonto absichtlich gegenüber der gegnerischen Versicherung ein Privatkonto benannte, auf das auch die Erstattung erfolgt, handelte er vorsätzlich. Somit hat sich Peter Targa wegen Steuerhinterziehung strafbar gemacht.

49. Teamarbeit – einmal anders gesehen

Hans Dreher ist von Beruf Kfz-Meister und hat seit Jahren eine Kfz-Reparaturwerkstatt mit Kfz-Handel in der Form eines Einzelunternehmens mit zuletzt 5 Beschäftigten. Seinen Gewinn ermittelt er von Jahr zu Jahr ordnungsgemäß durch Bilanzierung. Die Ehefrau von Hans Dreher, Veronika Dreher, war als Angestellte in seinem Betrieb tätig. Schließlich kam Hans Dreher eines lauen Augustabends die glorreiche Idee, wie er andere für sich arbeiten lassen könnte. So gründete er mit seiner Frau eine GmbH, deren Unternehmensgegenstand die Ausführung sämtlicher Reparaturarbeiten an Kraftfahrzeugen und der Kfz-Verkauf sein sollte. Im Anschluß hieran schlossen der Kraftfahrzeugmeister Hans Dreher als Einzelunternehmer und die GmbH einen sog. „Werkvertrag", demzufolge die GmbH alle vom Kfz-Meister in Auftrag gegebenen Arbeiten bevorzugt erledigen sollte. Hans Dreher hatte die Aufgabe, Material zu stellen und sämtliche Kosten außer den Personalkosten zu tragen. Ferner sollte die neu gegründete GmbH einen „Verarbeitungslohn" in Höhe ihrer Personalkosten zuzüglich 10 % erhalten. Schließlich räumte am gleichen Tag der Kfz-Meister der GmbH das Recht ein, unentgeltlich Werkzeuge, Maschinen und Geräte sowie Fahrzeuge des Kfz-Meisters zur Durchführung dieser Werkvertragserledigungen jederzeit zu benutzen; unentgeltlich wurden der GmbH auch die Werkräume des Kfz-Meisters zur Verfügung gestellt. In einem zusätzlich abgeschlossenen Ergebnisabführungsvertrag war vorgesehen, daß die GmbH ausschließlich für Rechnung des Kfz-Meisters zu handeln und dieser allein alle Maßnahmen für Ein- und Verkauf sowie alle Personalentscheidungen zu treffen hatte. Natürlich ließ sich der Kfz-Meister Hans Dreher als Geschäftsführer der GmbH bestellen und bezog als solcher ein fürstliches Gehalt.

Fazit:

Fraglich ist, ob diese von Hans Dreher gewählte Gestaltung in dieser Form steuerlich zu akzeptieren ist. Schließlich führt die Abwicklung der Geschäfte über die neben dem Einzelunternehmen bestehende GmbH zu einer beträchtlichen Gewerbesteuerersparnis, da sich das gezahlte Geschäftsführergehalt gewinnmindernd auswirkt. Im Fall unseres

Freundes Kfz-Meister Hans Dreher könnte ein Rechtsmißbrauch vorliegen, weil keine stichhaltigen wirtschaftlichen Gründe für den Abschluß dieser Verträge vorlagen und die GmbH tatsächlich überhaupt niemals einen Auftrag erfüllt hatte. Grundsätzlich kann Hans Dreher zwar seine rechtlichen Verhältnisse so gestalten, daß sich eine geringere steuerliche Belastung ergibt. Die Gestaltungsmöglichkeiten finden jedoch ihre Grenze im Gestaltungsmißbrauch, wonach durch Mißbrauch von Gestaltungsmöglichkeiten des Rechts das Steuergesetz nicht umgangen werden darf. Ein solcher Mißbrauch liegt nach der höchstrichterlichen Rechtsprechung immer dann vor, wenn eine Gestaltung gewählt wird, die gemessen an dem erstrebten Ziel unangemessen, also ungewöhnlich, ist, nicht durch sachgerechte erwerbswirtschaftliche oder andere beachtliche Gründe zu rechtfertigen ist. Der Umstand allein, daß der Steuerzahler seine Verhältnisse in einer Weise gestaltet, die noch nicht allgemein üblich ist, rechtfertigt noch nicht die Annahme, die Gestaltung sei ungewöhnlich im Sinne dieser vorstehenden Begriffsbestimmung. Umso weniger begründet ein solcher Umstand für sich allein gesehen eine Vermutung für einen Rechtsmißbrauch, den der Steuerpflichtige zu widerlegen hätte. Die Voraussetzungen eines Gestaltungsmißbrauchs liegen jedoch dann vor, wenn der Steuerzahler ausschließlich aus steuerlichen Gründen zusätzlich zu einem (Erst-)Vertrag mit demselben Vertragspartner einen weiteren Vertrag abschließt, der die mit dem (Erst-)Vertrag verbundenen wirtschaftlichen Folgen aufhebt und in ihr Gegenteil verkehrt. Eine solche rechtliche Gestaltung wird den tatsächlichen wirtschaftlichen Gegebenheiten nicht gerecht und darf steuerrechtlich nicht beachtet werden.

Die zwischen Hans Dreher und der GmbH geschlossenen Verträge haben offensichtlich lediglich dazu gedient, Aufwendungen und Erträge zu verrechnen: Nach dem Gesellschaftsvertrag war einziger Gegenstand der GmbH die Ausführung sämtlicher Reparaturarbeiten an Kfz und der Verkauf derselben als Dienstleistung. Die GmbH führte weder Reparaturarbeiten an Kraftfahrzeugen gegenüber Dritten aus noch verkaufte sie solche Fahrzeuge an Dritte. Vielmehr wurde im Außenverhältnis gegenüber Kunden grundsätzlich nur Hans Dreher als einziger Unternehmer tätig.

Die GmbH erledigte auch im Innenverhältnis gegenüber Hans Dreher keine Reparaturarbeiten an Kraftfahrzeugen; ebenso wenig verkaufte sie derartige Fahrzeuge. Zwar sollte sie nach den Bestimmungen des „Werkvertrages" sämtliche von Hans Dreher in Auftrag gegebenen Leistungen erbringen. Außerdem ist nicht zu erkennen, daß Hans Dreher auch nur eine Leistung in Auftrag gegeben hätte. Die GmbH erhielt auch keine Vergütung, sondern nur einen laufenden und um einen Risikozuschlag erhöhten Kostenersatz. Hans Dreher stellte ihr das erforderliche Material als Einzelunternehmer zur Verfügung. Im Außenverhältnis wurde nur Hans Dreher unternehmerisch tätig. Er war Hersteller eines Werkes im Sinne der werksvertraglichen Vorschriften des BGB, nahm sämtliche mit dem typischen Betrieb einer Kraftfahrzeugwerkstatt, einschließlich Kfz-Handel, zusammenhängenden Aufgaben wahr und war Alleininhaber des Vergütungsanspruches. So konnte Hans Dreher nicht einerseits Einzelunternehmer und andererseits als Geschäftsführer der GmbH sein eigener „Angestellter" sein. Die von Hans Dreher als Einzelunternehmer ausgeübte Tätigkeit läßt sowohl nach den Denkgesetzen als auch nach den allgemeinen Erfahrungssätzen nur den gezogenen Schluß zu, er habe seiner vertraglichen Verpflichtung, seine gesamte Arbeitskraft der GmbH zur Verfügung zu stellen, nicht nachkommen können.

Möglicherweise stellte die GmbH dem Einzelunternehmen das Fremdpersonal zur Verfügung. Da indes die GmbH das von ihr beschäftigte Personal nicht zur Durchführung von Aufträgen des Hans Dreher oder Dritten eingesetzt hat, kann in dieser Beschäftigung nur eine formale Anstellung gesehen werden. Die Vertragsgestaltung diente auch in soweit allein dem Zweck, den Gewerbeertrag des Einzelunternehmens um das dem Hans Dreher als Geschäftsführer der GmbH ausgesetzte Gehalt zu mindern und im Rahmen der Einkommensteuer bestimmte Pauschbeträge in Anspruch zu nehmen. Auf der Grundlage dieser tatsächlichen Feststellungen ist kein Gesichtspunkt erkennbar, der dafür spräche, daß Hans Dreher und die GmbH an der Begründung von Leiharbeitsverhältnissen hätten interessiert sein können. Dagegen spricht insbesondere auch der Umstand, daß derartige Vertragsverhältnisse weitgehenden Beschränkungen nach den Vorschriften des Arbeitnehmerüberlassungsgesetzes unterliegen, und daß für die gewerbsmäßige Überlassung von Arbeitnehmern eine behördliche Erlaubnis erforderlich ist.

Soweit Hans Dreher sich für den Abschluß der genannten Verträge auf wirtschaftliche Gründe beruft, sind selbige nicht stichhaltig. Sie betreffen im wesentlichen Überlegungen zu der Frage, warum das Einzelunternehmen neben der GmbH bestehen bleiben sollte. Soweit Hans Dreher sich auf die mit dem Tätigwerden der GmbH verbundene Haftungsbeschränkung beruft, läßt er außer Betracht, daß die GmbH nicht nach außen aufgetreten ist, und daß er aufgrund der mit der GmbH geschlossenen Verträge im Innenverhältnis für etwaige Ansprüche gegen die GmbH einzustehen hatte. Der Einwand, es sei beabsichtigt gewesen, daß die GmbH in späteren Jahren in unmittelbare vertragliche Beziehungen mit Dritten trete, kann schon deshalb keinen Erfolg haben, weil sich derartige Pläne im Zeitpunkt der steuerlichen Beurteilung noch nicht so hinreichend konkretisiert hatten, daß sie schon bei der Beurteilung der Verhältnisse in diesen Jahren zu berücksichtigen gewesen wären.

Demzufolge hatte die Steuertrickserei unseres Hans Dreher, die nichts anderes als eine rechtsmißbräuchliche Gestaltung war, zur Folge, daß der Steueranspruch so entsteht, wie er bei einer wirtschaftlichen Vorgängen angemessenen rechtlichen Gestaltung entstanden wäre. Da der Rechtsmißbrauch in den von Hans Dreher mit der GmbH abgeschlossenen Verträgen liegt, muß der Gewinn des Einzelunternehmers so ermittelt werden, als hätte Hans Dreher die genannten Verträge nicht abgeschlossen. Dann hätte er weiterhin eigenes Personal beschäftigt und wäre nicht als Geschäftsführer der GmbH für das eigene Einzelunternehmen tätig geworden. Die insoweit von der GmbH in Rechnung gestellten Beträge mußten deshalb ebenso wie der Ertrag aus der Gewinnabführung außer Ansatz bleiben.

Daher ist eine Steuerverkürzung in Form der ersparten Gewerbesteuer eingetreten. Aufgrund der gewählten Gestaltungsmodalitäten mußte sich Hans Dreher auch über diese mögliche Verkürzung im klaren gewesen sein, so daß ein Vorsatz zu bejahen ist. Daher hat sich Hans Dreher wegen Steuerhinterziehung strafbar gemacht.

50. Gesamtplan zur Schaffung von Werbungskosten

Hans und Helga Eimer sind zur Einkommensteuer zusammen veranlagte Eheleute. Mit Vertrag vom 2.10.1994 erwarben sie zu je 1/2 Miteigentum an einer Doppelhaushälfte für 200.000 DM, die sie vermieten wollten. Einen Teil des Kaufpreises finanzierten sie durch ein Bankdarlehen in Höhe von 150.000 DM. Am 10.11.1994 überwiesen die Eimers den Habensaldo eines Kontos ihrer minderjährigen Tochter Heike von 49.556,09 DM auf ihr eigenes Konto und verwendeten davon 48.000 DM zur Bezahlung des Restkaufpreises. Die restlichen 1.556,09 DM zahlte das Ehepaar auf ein neues Sparbuch der Tochter ein.

Der Reichtum der Tochter Heike kam jedoch nicht von ungefähr: Ein halbes Jahr zuvor hatten Hans und Helga Eimer 40.161,50 DM auf das Konto von Heike überwiesen. Der Betrag war dort zunächst bis August 1994, dann bis November 1994 als Festgeld angelegt worden. Eimers waren über dieses Konto einzeln verfügungsberechtigt. Am 5.11.1994 hatte das pfiffige Ehepaar mit ihrer Tochter, vertreten durch einen Ergänzungspfleger, einen schriftlichen Darlehensvertrag über ein Darlehen von 48.000 DM mit einer jährlichen Verzinsung von 8,5 %, jeweils fällig zum Jahresende, geschlossen. Nach dem Vertrag konnte das Darlehen jährlich mit einer dreimonatigen Frist zum Jahresende gekündigt werden; ohne Kündigung verlängerte sich die Laufzeit jeweils um ein Jahr. Nach Kündigung sollte der Darlehensbetrag in voller Höhe fällig werden.

Zur Sicherung der Ansprüche der Tochter gegen ihre Eltern übernahmen Eimers für die durch einen Ergänzungspfleger vertretene Tochter die selbstschuldnerische Bürgschaft. Das Vormundschaftsgericht genehmigte im Mai 1995 Bürgschafts- und Darlehensvertrag. Die Darlehenszinsen von 554,03 DM für 1994 und von 4.080 DM für 1995 wurden im Januar und im Dezember 1995 auf das Sparbuch der Tochter eingezahlt und bei den Einkünften aus der Vermietung der Doppelhaushälfte erfolgreich als Werbungskosten geltend gemacht.

Fazit:
Fraglich ist hier, ob der geschlossene Darlehensvertrag steuerlich überhaupt anerkannt werden konnte.

Nach Ansicht der Rechtsprechung zu Darlehensverträgen zwischen nahen Angehörigen entsprach der Darlehensvertrag mangels ausreichender Sicherheit nicht den an solche Verträge zu stellenden Anforderungen. Vielmehr liegt ein Mißbrauch von Gestaltungsmöglichkeiten des Rechts vor: Das Bestreben, Steuern zu sparen, macht eine rechtliche Gestaltung nicht unangemessen; auch Angehörigen steht es grundsätzlich frei, ihre Rechtsverhältnisse steuerlich möglichst günstig zu gestalten. Dies ist jedoch nicht grenzenlos möglich: Eine rechtliche Gestaltung ist dann unangemessen, wenn der Steuerzahler die vom Gesetzgeber vorausgesetzte Gestaltung zum Erreichen bestimmter wirtschaftlicher Ziele nicht gebraucht, obwohl hierfür keine beachtlichen außersteuerlichen Gründe vorliegen, sondern dafür einen ungewöhnlichen Weg wählt, auf dem nach den Wertungen des Gesetzgebers das Ziel, Steuern zu sparen, nicht erreichbar sein soll.

Nach diesen Grundsätzen sind die von Eimers mit ihrer minderjährigen Tochter geschlossenen Vereinbarungen in ihrer Gesamtheit betrachtet offensichtlich unangemessen und können daher nicht steuerlich akzeptiert werden: Einem Kind ist es zwar nicht schlechthin versagt, seinen Eltern aus seinem Vermögen ein Darlehen zu gewähren. Eine unangemessene Gestaltung liegt doch dann vor, wenn dem Darlehen eine Schenkung der Eltern vorausgeht und den Vereinbarungen über Schenkung und Darlehenshingabe ein Gesamtplan der Eltern zugrunde liegt, der – wie im vorgenannten Fall – nur vor dem Hintergrund der Schaffung von Werbungskosten verständlich wird. Die rechtsmißbräuchliche Gestaltung hat zur Folge, daß der Steueranspruch so entsteht, wie er bei einer wirtschaftlichen Vorgängen angemessenen rechtlichen Gestaltung entstanden wäre.

Somit ist in Höhe der auf die abgesetzten Darlehenszinsen entfallenden Einkommensteuerbeträge eine Steuerverkürzung eingetreten. Da die Eimers diese Möglichkeit zumindest billigend in Kauf nehmen mußten, handelten sie auch vorsätzlich. Somit haben sich die Eimers wegen Steuerhinterziehung strafbar gemacht.

51. Wechselseitige Vermietung

Waldemar Specht und Ingolf Schäfer sind beide als Studienräte an einem Gymnasium beschäftigt. Gerade wegen ihrer Fächergleichheit Pädagogik und Kunst verstehen sich beide blendend. Auch teilen sie noch eine Gemeinsamkeit: Beide möchten stolze Besitzer einer Eigentumswohnung werden. Aufgrund der ständigen Arbeitsüberlastung, der Lehrer im allgemeinen ausgesetzt sind, sind sie sich sogar auch noch darüber beide im klaren, daß es für sie das Beste wäre, eine bereits vorhandene „gebrauchte“ Eigentumswohnung zu erwerben. Nur so kann man dem überall bekannten Problem bei der Errichtung eines Neubaus entgegnen. Sie treffen sich sogar des öfteren, um gemeinsam nach „brauchbarem Material“ Ausschau zu halten. So kommt es, daß sie sich eines Tages gemeinsam ein Doppelhaus angucken. Hierin sind exakt zwei identische Wohnungen enthalten. Die Substanz des erst 10 Jahre alten Hauses erscheint beiden ebenfalls einwandfrei. Da beide von Lage und Ausführung der Eigentumswohnungen absolut begeistert sind, beschließen sie nunmehr, je eine Eigentumswohnung zu kaufen. Im Rahmen einer fachkundigen Beratung durch einen Steuerberater müssen sie jedoch erfahren, daß die staatliche Förderung in Form der Eigenheimzulage bezogen auf gebrauchte Immobilien nur die Hälfte des Betrages ausmacht, der für neu gebaute Immobilien gewährt wird. Des weiteren ist ab dem Zeitpunkt des Einzugs keine Berücksichtigung von Schuldzinsen mehr möglich. Somit beschließen beide kurzerhand zwar je eine Eigentumswohnung zu kaufen, aber diese jeweils an den anderen zu vermieten. Um nicht den Werbungskostenabzug zu beschränken, vereinbaren sie wechselseitig eine Miete in Höhe von etwas über der Hälfte des marktüblichen Mietzinses. Mit den jeweils zwangsläufig entstehenden Verlusten aus Vermietung und Verpachtung gleichen sie in den folgenden Jahren eifrig ihre Einkünfte aus nichtselbständiger Arbeit aus der Tätigkeit als Lehrer aus und freuen sich über die hohen Steuererstattungen.

Fazit:

Im Fall der wechselseitigen Vermietung liegt ein steuerlicher Gestaltungsmißbrauch vor. Die Form der Überkreuzvermietung wurde nur aus dem Grund gewählt, daß die größtmögliche Steuervergünstigung erzielt wird. Im vorliegenden Fall der Überkreuzvermietung hat die Rechtsprechung entschieden, daß ein Mißbrauch von rechtlichen Gestaltungsmöglichkeiten vorliegt. Als Konsequenz hieraus entsteht der Steueranspruch so, wie er bei einer den wirtschaftlichen Vorgängen angemessenen rechtlichen Gestaltung entstanden wäre. Konkret bedeutet dies, daß Waldemar Specht und Ingolf Schäfer die Verluste aus der wechselseitigen Vermietung der Eigentumswohnungen nicht mit ihren Einkünften aus nichtselbständiger Arbeit verrechnen dürfen. Somit kommt es alljährlich in Höhe des auf diesen Verlust entfallenden Einkommensteuerbetrages zu einer Steuerverkürzung. Ein Vorsatz kann zumindest in seiner schwächsten Form bejaht werden, da Waldemar Specht und Ingolf Schäfer es zumindest billigend in Kauf nahmen, daß eine Steuerverkürzung eintrat. Somit haben sich Waldemar Specht und Ingolf Schäfer wegen Steuerhinterziehung strafbar gemacht.

52. Kfz-Steuer – „Freiheit"

Manni Müller ist begeisterter Anhänger einer großen deutschen Automarke, deren Mutterhaus in den Vereinigten Staaten von Amerika ansässig ist. Sein ein und alles ist ein Auto dieser Marke, das er nach seinen Bedürfnissen hergerichtet hat: Es ist tiefer gelegt, hat Breitreifen, ringsherum sind Spoiler, und die Autoradioanlage hat bald genausoviel PS wie das Auto selbst. Auch am Motor hat Manni Müller einige Modifikationen nach seinem Geschmack vorgenommen. Doch so richtig ist Manni Müller noch nicht zufrieden. Seinem Auto fehlt noch der richtige Sound!

Daher begibt er sich eines schönen und sonnigen Samstages nach Bochum zu einem großen Kfz-Zubehör-Tuning-Lieferanten. Dort kauft er zur Verwirklichung seines Traums vom richtigen Sound einen Sportauspuff. Zu Hause angekommen muß er jedoch leider feststellen, daß dieser Sportauspuff nicht unproblematisch zu installieren ist: Entweder kann er ihn gar nicht montieren, oder er muß den Katalysator entfernen. Manni Müller entscheidet sich für letzteres, denn es gilt nur eines: „Auf die Dauer hilft nur Power!" Kurzerhand demontiert er die Katalysatoranlage und montiert den neuen Sportauspuff. Von einer Vorführung beim TÜV sieht Manni Müller „vorsorglich" ab. Denn schließlich fährt sein Auto ja auch ohne TÜV-Abnahme!

Fazit:
Manni Müller nimmt an der serienmäßigen Schalldämpferanlage seines Pkws Veränderungen vor: Er demontiert den emissionsmindernden Katalysator. Da die Kfz-Steuer gerade als lenkungspolitische Maßnahme auf die Emissionswerte abstellt und solche Autos mit geringerem Schadstoffausstoß begünstigt, führt die weitere Benutzung des Autos ohne vorherige Anzeige gegenüber der Kfz-Steuerstelle zwangsläufig zu einer Steuerverkürzung. Schließlich sind nur solche Kraftfahrzeuge steuerbegünstigt, die über einen eingebauten Katalysator verfügen.

Die Kenntnis um diese durch die Entfernung des Katalysators eintretende Steuerverkürzung mußte Manni Müller als autobegeistertem Menschen bei der populären Kfz-Steuer bewußt gewesen sein. Er handelte somit vorsätzlich. Somit hat sich Manni Müller wegen Steuerhinterziehung strafbar gemacht.

53. „Brigitte“ in der Arztpraxis

Dr. Rainer Rübesahl ist Facharzt für Gynäkologie. Er unterhält eine nach mühevollen Anfängen inzwischen florierende Arztpraxis. Seine Wartezimmer sind zumeist zum Bersten voll.

Auch privat bestimmt das weibliche Geschlecht sein Schicksal: Ist Dr. Rainer Rübesahl doch seit 27 Jahren mit seiner Frau Petra glücklich verheiratet. Früher hat Petra Rübesahl persönlich in der Praxis ihres Mannes mitgeholfen. Dies mußte jedoch schon vor Jahren schlagartig wegen des eigenen Nachwuchses in Zwillingsform aufhören. Danach zog Petra Rübesahl es auch vor, sich die Hektik nicht noch einmal antun zu müssen, zumal ihr Göttergatte auch ohne ihre Mithilfe recht erfolgreich war. So zog sie es vor, ihr Leben im Freizeitstress auf Golfplätzen oder in Modeboutiquen zu führen.

Um hinsichtlich der neuesten Trends immer absolut auf dem aktuellen Stand zu sein und trotzdem auch dem Fiskus ein Schnäppchen schlagen zu können, hatte Petra Rübesahl mit Zustimmung ihres Gatten neuerdings große deutsche Frauenzeitschriften auf den Namen der Praxis abonniert. Tatsächlich wanderte allerdings jede Ausgabe auf wundersame Weise statt ins Wartezimmer auf den Wohnzimmertisch. Die Kosten für die Abonnements trug indes in voller Höhe die Arztpraxis.

Fazit:
Dr. Rainer Rübesahl macht im Rahmen seiner Buchführung Ausgaben geltend für Abonnements, die in Wirklichkeit nicht zur Unterhaltung seiner Patienten in den Wartezimmern ausliegen, sondern von seiner Ehefrau Petra Rübesahl gelesen werden. Somit sind die Bezugskosten eindeutig privat veranlaßt. Daher scheidet ein Abzug als Betriebsausgaben zwangsläufig aus.

Indem Dr. Rainer Rübesahl die Bezugskosten dennoch als Betriebsausgaben erfaßt hat, kommt es folglich in Höhe der hierauf entfallenden Einkommensteuerbeträge zu einer Steuerverkürzung. Da Dr. Rainer

Rübesahl weiß, daß die Abonnements tatsächlich nicht für betriebliche Zwecke genutzt wird, handelt er auch vorsätzlich. Somit hat sich Dr. Rainer Rübesahl wegen Steuerhinterziehung strafbar gemacht.

54. Hausverkauf einmal anders

Patricia Unschuld ist hauptberuflich als „rasende Reporterin“ tätig. Ihr Beruf verlangt ihr zumindest in Deutschland einen ständigen Ortswechsel ab. So kommt es ihr eigentlich gar nicht so gelegen, daß sie im Rahmen einer Erbschaft ein vermietetes Reihenhaus und damit auch dessen Verwaltung erbte. Leider kam es auch sogleich, wie es kommen mußte: Nach sechs Wochen erfolgte zunächst ein Wasserrohrbruch im Obergeschoß, woraufhin dann auch sogleich die bisherigen Mieter unverzüglich auszogen. Als danach auch noch die anschließende Handwerkerrechnung über die Behebung des Wasserrohrbruchs über 25.800 DM lautete, Patricia Unschuld aber noch keine entsprechende Versicherung abgeschlossen hatte, entschloß sie sich kurzerhand, das sie stressende Eigentum zu veräußern. Im übrigen lastete auf dem geerbten Grundstück noch ein mit einer Hypothek gesichertes Darlehen, das in Höhe von 75.000 DM valutierte, und die finanzierende Bank forderte monatlich ihre Zinsen recht schnell bei Patricia Unschuld ein. Der Verkauf der Immobilie gestaltete sich als sehr schwierig, da in unmittelbarer Nähe eine Autobahn gebaut werden sollte. Die hieraus zu erwartenden Lärmbelästigungen aufgrund des Baus und des anschließenden Betriebs waren derzeit noch nicht abzusehen. Daher hatten sämtliche engagierten Immobilienmakler wahrheitsgemäß und kopfschüttelnd Patricia Unschuld gegenüber geäußert, daß sich der Verkauf „noch hinziehen könnte“.

Damit waren die neuen Probleme der Patricia Unschuld aber noch nicht am Ende. Des weiteren wußte sie, daß sie in steuerlicher Hinsicht nur dann sämtliche Finanzierungs- und Unterhaltungskosten der Immobilie absetzen konnte, wenn die Immobilie auch tatsächlich vermietet wurde. Um hier nicht in Konflikte zu kommen – andererseits aber auch nicht den Wert der Immobilie noch durch eine neue Vermietung zu mindern, beschloß sie daher, einfach „zur Vorlage beim Finanzamt“ sporadisch Vermietungsannoncen zu schalten. In ihrer Einkommensteuererklärung ging Patricia Unschuld daher wie folgt vor: Sie setzte die bis zum Ende der Mietzeit erzielte Miete als Einnahmen aus der Vermietung der Immobilie an, rechnete aber in voller Höhe auch die in der Folgezeit angefallenen Finanzierungs- und Unterhaltungskosten als Ausgaben dagegen. Da sie zum Nachweis ihrer Vermietungsabsicht einige Vermietungsannoncen ihrer Steuererklärung beifügte, veranlagte das Finanzamt die eingereichte Steuererklärung erklärungsgemäß.

Fazit:
Patricia Unschuld gibt in ihrer Steuererklärung vor, daß sie die geerbte Immobilie weitervermieten wolle. Tatsächlich ist sie jedoch nicht auf Mieter-, sondern auf Käufersuche. Hierdurch scheidet nach dem Ende der Mietzeit der bis zum Wasserrohrbruch vorhandenen Mieter eine weitere Berücksichtigung von Werbungskosten aus, da keine Einnahmen mehr erzielt werden. Hierüber kann Patricia Unschuld auch nicht dergestalt hinwegtäuschen, daß die Vermietungsannoncen nur zum Schein geschaltet und mangels passendem Mieters kein tatsächlicher neuer Mietvertrag geschlossen wurde. Vielmehr kommt es in Höhe der auf die nach Beendigung der Mietzeit entfallenden Kosten, die die persönliche Einkommensteuer der Patricia Unschuld gemindert haben, zu einer Steuerverkürzung. Patricia Unschuld hat diese Steuerverkürzung auch vorsätzlich herbeigeführt. Somit hat sich Patricia Unschuld wegen Steuerhinterziehung strafbar gemacht.

55. Kapitalerträge trotz Freistellungsauftrag versteuern?

Jens Bernd Sparer hat – wie er meint – für sich das ideale Steuersparmodell für die Erträge seines umfangreichen Kapitalbesitzes gefunden: Freistellungsaufträge. So geht er her und erteilt jeder der sieben Banken, bei der er Teile seines Kapitalvermögens „zur Sicherheit" aufgesplittet hat, Freistellungsaufträge über jeweils 1.500 DM. Denn so ist keine Bank verpflichtet, wegen möglicher „Überziehung" des freizustellenden Maximalbetrags eine ihm lästige Anfrage bei Jens Bernd Sparer vornehmen zu müssen. Die gesetzliche Höchstbetragsbegrenzung der Summe aller Freistellungsaufträge in Höhe von 6.100 DM ignorierte Jens Bernd Sparer hierbei geflissentlich.

Des weiteren transferiert Jens Bernd Sparer sein Kapital zumeist bequem in barer Form, um weitere Rückfragen und auch mögliche Rückschlüsse Dritter zu vermeiden. Am Ende eines jeden Zinszahlungszeitraums freut er sich, hat er es doch mal wieder geschafft, daß ihm die jeweilige Bank auf die freigestellte Summe von 1.500 DM keine Kapitalertragsteuer einbehalten und an das Finanzamt abgeführt hat.

Selbstverständlich unterläßt es Jens Bernd Sparer auch, die für Kapitalerträge zu benutzende Anlage KSO zusammen mit seiner Einkommensteuererklärung abzugeben. Schließlich will er ja nicht Gefahr laufen, sein „Steuersparmodell" zu verlieren.

Fazit:
Jens Bernd Sparer vergibt in offensichtlich unzutreffender Höhe Freistellungsaufträge über 1.500 DM an die sein Vermögen vermehrenden Banken. Durch dieses von ihm gewählte „Steuersparmodell" kommt es in Höhe der auf die unzutreffend freigestellten Kapitalerträge entfallenden Kapitalertragsteuer zu einer Steuerverkürzung. Diese wird zwar von der jeweiligen Bank tatsächlich ausgeführt. Dennoch kann sich hier die Bank wirksam darauf berufen, daß sie keinen Grund hatte, den ihr erteilten Freistellungsauftrag zu hinterfragen – liegt dieser schließlich nicht am Limit.

Die Bank wurde vielmehr von Jens Bernd Sparer wie ein Werkzeug für die Steuerverkürzung benutzt. Diese hat Jens Bernd Sparer auch vorsätzlich herbeigeführt. Somit hat sich Jens Bernd Sparer wegen Steuerhinterziehung strafbar gemacht.

56. „Günstiger" Hauskauf

Peter und Paul Schröder sind Brüder. Peter ist als der ältere Bruder bereits seit fünf Jahren oft und viel beneideter Inhaber einer Eigentumswohnung, die er allerdings nunmehr zwecks Hauskaufs verkaufen möchte. Als er dies an Ostern beim Familientreffen zum besten gibt, meldet sich sofort sein kleiner Bruder Paul zu Wort. Sucht Paul Schröder doch schließlich schon seit längerem eine Wohnung dieser Größenordnung als Kapitalanlage. Über den Kaufpreis ist man sich auch schnell unter Brüdern einig. Peter Schröder möchte gerne einen Verkaufserlös von 250.000 DM erzielen.

Unter Brüdern hat man allerdings auch schnell eine weitere Idee ins Auge gefaßt: Um Notariatskosten und vor allem auch Grunderwerbsteuer sparen zu können, behaupten Peter als Veräußerer und Paul als Erwerber, daß die Eigentumswohnung für nur 150.000 DM verkauft werden soll. Daher schließen sie einen Kaufvertrag über den geringeren Kaufpreis, welchen sie notariell beurkunden lassen. Den Restbetrag – so vereinbaren sie mündlich – „kann Paul ja mal mit zum Wintersport in die Schweiz bringen!"

Erklärungsgemäß setzt das Finanzamt anhand der beigefügten noatriell beglaubigten Kopie des Kaufvertrags die Grunderwerbsteuer auf Grundlage der 150.000 DM fest.

Fazit:
Peter und Paul Schröder schließen über die zu verkaufende Eigentumswohnung einen sogenannten Scheinvertrag ab. Hierin beziffern sie den Kaufpreis um 100.000 DM geringer als den tatsächlich vereinbarten, wodurch es bei der Festsetzung der Grunderwerbsteuer durch die Zugrundelegung des falschen Kaufpreises zu einer Steuerverkürzung in Höhe der auf die Differenz zum tatsächlichen Kaufpreis entfallenden Grunderwerbsteuer kommt.

Daß das Handeln von Peter und Paul Schröder von Vorsatz getragen wurde, ist absolut offensichtlich. Des weiteren haben sie diese Steuerverkürzung auch in gemeinschaftlicher und daher mittäterschaftlicher Weise ausgeführt. Somit haben sich Peter und Paul Schröder wegen Steuerhinterziehung strafbar gemacht.

57. Vermietung von Mobilien zur Erlangung des Vorsteuerabzugs

Dr. Egon Brustbein ist ein gestandener Arzt der Allgemeinmedizin mit einer stattlichen Praxis. Hier beschäftigt er fünf Arzthelferinnen. Da die Organisation seiner Praxis nahezu perfektioniert wurde, kann seine Frau Ilse Brustbein jetzt – wo doch die Kinder aus dem Haus sind – als Hausfrau ein ruhiges Leben führen. Die Vermögenssituation der Eheleute Brustbein ist ja schließlich auch bereits gesichert. „Da man jedoch Vermögen nicht zum Vererben aufbaut!" ist Dr. Egon Brustbein im normalen Lebensalltag alles andere als geizig. So schätzt er es sehr, alljährlich ein funkelnagelneues Auto der Oberklasse zu fahren. Auch wenn Dr. Egon Brustbein und seine Frau Ilse keine Freunde übertriebenen Geizes sind, so sorgen sie trotzdem stets dafür, daß dem Fiskus dennoch mit einer gehörigen Portion Zurückhaltung begegnet wird: Zu diesem Zweck erwirbt anstelle ihres Mannes Ilse Brustbein alljährlich die neuen Autos und vermietet sie an ihren Ehemann. Selbstverständlich hat sie – obwohl sie die Grenzen der Kleinunternehmerschaft ansonsten nicht übersteigen könnte – zur Umsatzsteuerpflicht der Vermietung optiert. D.h., daß sie bei der Anschaffung eines jeden Pkws die auf den Kaufpreis entfallende Vorsteuer in voller Höhe geltend macht. Auf der anderen Seite erfolgt die Vermietung an ihren Ehemann selbstverständlich ebenfalls umsatzsteuerpflichtig. Daher stellt Ilse Brustbein monatlich Abrechnungen mit gesondertem Mehrwertsteuerausweis aus, die ihr Mann pünktlich begleicht.

Fazit:
Ilse Brustbein erwirbt alljährlich Pkws und vermietet diese für 12 Monate an ihren Ehemann. Diesen Vorgang unterwirft sie der Umsatzsteuer. Der Ehemann Dr. Egon Brustbein ist als Arzt nicht zum Vorsteuerabzug berechtigt, da er umsatzsteuerfreie Arztleistungen ausführt. In dieser gewählten Gestaltung, wodurch ein Vorsteuerabzug überhaupt erst möglich wird, da der mietende Arzt Dr. Egon Brustbein selbst ja nicht vorsteuerabzugsberechtigt ist, liegt nach allgemeiner Ansicht ein Rechtsmißbrauch steuerlicher Gestaltungsmöglichkeiten vor. Eine angemessene rechtliche Gestaltung hätte dazu geführt, daß der Arzt Dr. Egon Brust-

bein selbst jedes Jahr die Autos gekauft hätte und folglich leider auch keinen Vorsteuerabzug hätte vornehmen können. Daher ist in Höhe der in Anspruch genommenen Vorsteuerbeträge eine Steuerverkürzung eingetreten. Aufgrund der gewählten Gestaltung mußte es Ilse Brustbein auch klar sein, daß eine Steuerverkürzung eintreten könnte und sie insofern diese billigend in Kauf zu nehmen hatte. Daher hat sich Ilse Brustbein wegen Steuerhinterziehung strafbar gemacht.

58. Grundstücksschenkung vor Spekulationsverkauf?

Maximilian und Gloria von Feld und Wiese sind Eheleute, die zusammen zur Einkommensteuer veranlagt werden. Gloria von Feld und Wiese erwarb am 19. März 1987 ein Grundstück für 77.100 DM. Dieses Grundstück schenkte sie mit Vertrag vom 11. Juli 1987 ihrem Ehemann, der es am 5. September 1987 für 445.000 DM verkaufte.

Im Rahmen der Erstellung ihrer Einkommensteuererklärung unterließen die Eheleute von Feld und Wiese eine Angabe dieses Vorgangs. Nachdem beim Finanzamt allerdings die entsprechenden notariellen Mitteilungen eingegangen waren, erhöhte es nachträglich die Einkommensteuerschuld für 1987 und erfaßte dabei den Gewinn aus dem Verkauf des Grundstücks mit 367.900 DM als Spekulationsgewinn. Aufgrund des hiergegen eingelegten Einspruchs kürzte das Finanzamt gnädigerweise den Spekulationsgewinn um die von Gloria von Feld und Wiese gezahlte Grunderwerbsteuer und wies den Einspruch im übrigen mit der Begründung zurück, das die zwischengeschaltete Schenkung einen Mißbrauch von Gestaltungsmöglichkeiten des Rechts darstellt. Mit ihrer Klage gegen den Einkommensteuervorauszahlungsbescheid trugen die Eheleute vor, sie seien davon ausgegangen, daß der unentgeltliche Erwerb des Grundstücks durch Maximilian von Feld und Wiese nicht zu einem Spekulationsgewinn nach § 23 des Einkommensteuergesetzes führt. Anderenfalls hätten sie das Grundstück erst nach Ablauf der Spekulationsfrist verkauft.

Fazit:
Nach Ansicht der Finanzgerichte ist der Veräußerungsgewinn aus dem Verkauf des Grundstücks als steuerpflichtiger Spekulationsgewinn zu werten. Hiervon werden Veräußerungsgeschäfte über Wirtschaftsgüter des Privatvermögens erfaßt, die innerhalb der im Gesetz festgelegten Spekulationsfristen angeschafft wurden. Eine Anschaffung in diesem Sinne ist allerdings bislang nur der entgeltliche Erwerb. Ein Erwerb durch Schenkung ist demnach keine Anschaffung. Der unentgeltliche Erwerb durch Schenkung läßt sich auch nicht mit dem Erwerb im We-

ge der Gesamtrechtsnachfolge gleichstellen. Zwar wird in ständiger Rechtsprechung ein Spekulationsgewinn bejaht, wenn der Erbe ein Wirtschaftsgut aus der Erbmasse veräußert und im Zeitpunkt der Veräußerung die für den Erblasser geltende Spekulationsfrist noch nicht abgelaufen ist. Der Spekulationsgewinn wird hiernach bei der Gesamtrechtsnachfolge beim Erben so erfaßt, als habe der Erblasser selbst das Grundstück veräußert. Ob sich diese Rechtsgrundsätze auf den unentgeltlichen Erwerb im Wege der Einzelrechtsnachfolge (Schenkung) übertragen lasse, war bis zum Fall der Eheleute Maximilian und Gloria von Feld und Wiese noch nicht entschieden. Die Richter am Bundesfinanzhof waren der Ansicht, daß eine Gleichstellung des unentgeltlichen Erwerbs im Wege der Schenkung mit einem solchen im Wege der Gesamtrechtsnachfolge bei Anwendung des § 23 EStG nicht gerechtfertigt ist, denn die für einen unentgeltlichen Erwerb im Wege der Gesamtrechtsnachfolge geltenden Grundsätze sind nicht ohne gesetzliche Grundlage auf den Erwerb im Wege der Schenkung übertragbar. Der Erbe wird mit dem Erbvorgang Gesamtrechtsnachfolger des Erblassers. Er tritt damit kraft Gesetzes in die Rechtstellung des Erblassers ein. Eine solche gesetzliche Grundlage für die Zurechnung der Anschaffung fehlt bei der Einzelrechtsnachfolge durch Schenkung.

Dennoch entschieden die obersten Finanzrichter, daß der Spekulationsgewinn deshalb bei dem Kläger als Spekulationsgewinn zu erfassen ist, weil die Zwischenschaltung der Schenkung einen Mißbrauch von Gestaltungsmöglichkeiten des Rechts darstellt.

Eine Umgehung im Sinne der Vorschrift über den steuerlichen Gestaltungsmißbrauch ist nach ständiger Rechtsprechung bei einer Gestaltung gegeben, die, gemessen an dem erstrebten Ziel, unangemessen ist, der Steuerminderung dienen soll und durch wirtschaftliche oder sonst beachtliche nicht steuerliche Gründe nicht zu rechtfertigen ist. Auch den Eheleuten von Feld und Wiese ist es zwar grundsätzlich nicht verwehrt, ihre rechtlichen Verhältnisse so zu gestalten, daß sich eine geringere steuerliche Belastung ergibt. Die von ihnen gewählte Rechtsgestaltung ist der Besteuerung jedoch dann nicht zugrunde zu legen, wenn sie ausschließlich der Steuerminderung dient und bei sinnvoller, Zweck und Ziel der Rechtsordnung berücksichtigender Auslegung vom Gesetz mißbilligt wird. Diese Voraussetzungen für die Annahme einer mißbräuchlichen Gestaltung sind erfüllt. Die Zwischenschaltung der Schenkung zwischen dem Erwerb des Grundstücks durch Gloria und die Veräußerung durch Maximilian ist ungewöhnlich. Sie hatte nach den tatsächlichen Feststellungen der Richter keine wirtschaftlichen oder sonst beachtlichen nicht steuerlichen Gründe und diente somit ausschließlich der Steuerminderung. Die Eheleute von Feld und Wiese hatten hierzu nur vorgetragen, daß sie dann den Vertrag über den Verkauf des Grundstücks erst nach Ablauf der Spekulationsfrist geschlossen hätten, wenn sie gewußt hätten, daß die einkommensteuerliche Vorschrift über Spekulationsgeschäfte, trotz der zwischengeschalteten Schenkung eingreifen könnte. Die Zwischenschaltung der Schenkung diente danach lediglich dazu, ein steuerpflichtiges Spekulationsgeschäft zu vermeiden. Sie ist in Anbetracht der kurzen Zeitspanne zwischen dem Erwerb im März 1987 und dem Verkauf des Grundstücks im September 1987 auch ungewöhnlich.

Somit ist bei der Erstfestsetzung der Einkommensteuer 1987 eine Steuerverkürzung in Höhe der auf den Spekulationsgewinn entfallenden Einkommensteuerbeträge eingetreten.

Hinweis ab 1999:
Durch das Steuerentlastungsgesetz 1999/2000/2002 gilt ab dem Veranlagungszeitraum 1999 für private Veräußerungsgeschäfte folgendes: Nunmehr sind bei Grundstücken solche Veräußerungen steuerpflichtig, bei denen der Zeitraum zwischen Anschaffung und Veräußerung nicht mehr als 10 Jahre betragen hat. Ausgenommen hiervon sind solche Grundstücke, die im Zeitraum zwischen Anschaffung und Veräußerung ausschließlich zu eigenen Wohnzwecken oder auch im Jahr der Veräußerung und in den beiden vorangegangenen Jahren zu eigenen Wohnzwecken genutzt wurden.

59. Zweitstudium für Werbungskostenabzug

Nach acht Jahren eines Lebens in stark eingeengten Verhältnissen im Studentenwohnheim freut sich nunmehr Herr Dipl.-Ing. Gerd Winkel seines Lebens. Nicht nur, daß er als Diplom-Ingenieur der Fachrichtung Kraftfahrzeugtechnik einen Traumjob in der Entwicklungsabteilung eines großen internationalen Konzerns gefunden und erhalten hat, er bekommt auch zusätzlich zu Repräsentationszwecken ab dem ersten Arbeitstag ein entsprechendes Fahrzeug zur Verfügung gestellt. Nach zwei Jahren fleißiger Arbeitsamkeit muß Diplom-Ingenieur Gerd Winkel jedoch erstaunt feststellen, daß er zwar jung und erfolgreich, aber immer noch ledig ist, und daher der Lohnsteuerklasse I unterliegt. Da er sämtliches Arbeitsgerät und Arbeitsmittel zusätzlich zum Dienstwagen gestellt bekommt, fallen auch insofern für ihn keinerlei Kosten an. So ist für ihn guter Rat notwendig, um „irgendwie von der hohen Steuerbelastung herunterzukommen!“ Just eine Woche später unterhält er sich mit einem älteren Kollegen, der freudestrahlend erzählt, daß sein Sohn sein Studium der Betriebswirtschaftslehre erfolgreich absolviert hat. Daraufhin kommt Dipl.-Ing. Gerd Winkel eine Idee: Neben seiner normalen Berufstätigkeit schreibt er sich an einer Fernuniversität für den speziell für Diplom-Ingenieure eingerichteten Aufbaustudiengang „Betriebswirtschaftslehre für Diplom-Ingenieure“ ein. Tatsächlich nimmt er auch Kontakt zu einigen KommilitonInnen auf. Dies aber weniger aus wissenschaftlichen Gründen, sondern nur aus einem Grund: Gegenseitig bescheinigen sie sich, jeweils einmal pro Woche eine Arbeitsgemeinschaft zur Förderung des Aufbaustudiengangs „Betriebswirtschaftslehre für Diplom-Ingenieure“ abgehalten zu haben. Denn Diplom-Ingenieur Gerd Winkel weiß, daß sämtliche Aufwendungen für ein wirtschaftlich orientiertes Aufbaustudium eines Diplom-Ingenieurs Werbungskosten darstellen. Insgesamt gibt daher Diplom-Ingenieur Gerd Winkel in seiner Einkommensteuererklärung 8.000 DM Werbungskosten für das Zweitstudium in Form von Fahrtkosten, Kosten der Arbeitsgemeinschaft und Einschreibungsgebühren an.

Fazit:

Diplom-Ingenieur Gerd Winkel gibt in seiner Einkommensteuererklärung vor, aktiv ein Zweitstudium zur Erlangung des akademischen Grades eines Diplom-Wirtschaftsingenieurs zu betreiben. Tatsächlich liegt sein einziger „wissenschaftlicher Einsatz" in der Überweisung der jedes Semester anfallenden Einschreibungsgebühr. Die Kosten der Arbeitsgemeinschaft und die Fahrtkosten zur Universität sind frei erfunden. Somit erwirkt Diplom-Ingenieur Gerd Winkel in Höhe der auf die Werbungskosten für das Zweitstudium entfallende Steuererstattung eine Steuerverkürzung. Diesbezüglich handelt Diplom-Ingenieur Gerd Winkel absichtlich und daher vorsätzlich. Somit hat sich Diplom-Ingenieur Gerd Winkel wegen Steuerhinterziehung strafbar gemacht.

60. Benzinquittungen sammeln

„Diesel fahren ist ja so günstig!" so die Einstellung der gesamten Familie von Bernhard und Lieschen Müller. Vorliegend ist dies noch unter ganz anderen Gesichtspunkten zu betrachten: Sind doch die Eheleute Bernhard und Lieschen Müller stolze Inhaber einer Bäckerei mit Auslieferungsdienst und haben für diese Zwecke insgesamt fünf Lieferwagen „ständig auf Achse". So beschließen sie zur „Steueroptimierung", auch in ihrem privaten Bereich nur Fahrzeuge anzuschaffen, die ebenfalls die Kraftstoffsorte Diesel verbrauchen. Und so geschah es, daß neben den Eheleuten Bernd und Lieschen Müller auch deren inzwischen erwachsene Kinder Konrad, David und Bärbel Müller ebenfalls Fahrzeuge unterhielten, deren Kraftstoffsorte Diesel war.

Selbstverständlich begannen so, alle fünf Familienmitglieder sämtliche Tankbelege aufzubewahren. Ordentlich – wie Bernhard und Lieschen Müller nunmal waren – reichten sie sodann sämtliche Quittungen über den Bezug von Dieselkraftstoff bei ihrem Steuerberater zwecks Erstellung ihrer Buchführung ein. Im Rahmen des vorhandenen Fuhrparks von fünf Lieferfahrzeugen konnte der Steuerberater ja nicht auf die Idee kommen, daß mindestens einer dieser Lieferwagen ein Loch im Tank haben mußte! Und so wurden selbstverständlich mit der herrschenden Sorgfalt im Beruf eines Steuerberaters alle eingereichten Buchführungsunterlagen, unter denen sich ja auch die Quittungen über den bezogenen Diesel befanden, monatlich bei der Erstellung der Buchführung vollständig berücksichtigt.

Fazit:
Selbstverständlich stellen nur solche Aufwendungen Betriebsausgaben dar, die auch betrieblich veranlaßt sind. Hinsichtlich der Dieselquittungen der Privatfahrzeuge der gesamten Familie Bernd und Lieschen Müller scheidet von vornherein eine betriebliche Veranlassung aus, da es sich hierbei aufgrund der Nutzung eindeutig um zum Privatvermögen zugeordnete Pkw handelt. Durch den Ansatz der Quittungen als Betriebsausgaben kommt es in zweierlei Hinsicht zu einer Steuerhinterzie-

hung: Zum einen haben diese Ausgaben den Gewinn des Bäckereibetriebs gemindert, und zum anderen wurde aus den eingereichten Quittungen auch die Vorsteuer geltend gemacht.

Diese beiden Steuerverkürzungen stehen vollkommen selbständig nebeneinander und sind daher auch gesondert zu würdigen. Ein Vorsatz der Eheleute Bernhard und Lieschen Müller kann offensichtlich bejaht werden. Somit haben sie sich wegen Steuerhinterziehung strafbar gemacht.

Allein das Sammeln der Benzinquittungen durch die Kinder Konrad, David und Bärbel Müller stellt lediglich eine Vorbereitungshandlung dar, die als solche nicht strafbar ist. Der Taterfolg wird erst durch die Eltern mit Einreichung der Belege zur Verbuchung durch den Steuerberater und Einreichung der unzutreffenden Steuererklärungen eingeleitet.

61. Bescheinigung vom Arbeitgeber über die Nichterstattung von Dienstreisekosten

Dagobert Gans ist schon immer ein sehr knauseriger Arbeitgeber gewesen. Das empfand zumindest Mike Maus seit Jahren. Aber eine gute Idee hatten beide im Laufe der bereits über 10jährigen Zusammenarbeit entwickeln können. Mike Maus erhielt von Dagobert Gans alljährlich eine Bescheinigung darüber, daß ihm vom Arbeitgeber keinerlei Kosten für Dienstreisen erstattet würden, da diese bereits mit dem Bruttoarbeitslohn abgegolten seien. Dieser Vorgang war an sich auch recht plausibel, da Mike Maus inzwischen immerhin Prokurist bei Dagobert Gans war. Daher fügte Mike Maus auch dieses Jahr wieder seiner Steuererklärung die entsprechende Arbeitgeberbescheinigung, die wie immer bereitwillig von Dagobert Gans unterschrieben worden war, bei. Als Anlage zu seiner Einkommensteuererklärung listete er im folgenden Reisekosten für Dienstreisen über insgesamt 13.000 DM auf. In Wirklichkeit hatte Mike Maus niemals auch nur eine einzige der aufgelisteten Dienstreisen machen müssen.

Fazit:
Mike Maus macht in seiner Einkommensteuererklärung unrichtige Angaben über angefallene Werbungskosten für Dienstreisen. Hierdurch kommt es in Höhe der auf die Dienstreisen entfallenden Einkommensteuerbeträge zu einer Steuerverkürzung.

Durch die Auflistung der angeblichen Dienstreisen bekundet Mike Maus, daß er mit Wissen und Wollen, also mit Vorsatz, handelt. Daher macht er sich wegen Steuerhinterziehung strafbar. Des weiteren ist das Ausstellen der Arbeitgeberbescheinigung durch Dagobert Gans zumindest als dessen Beihilfe zur Steuerhinterziehung des Mike Maus steuerstrafrechtlich zu werten.

62. Doppelte Haushaltsführung fingieren

Lothar Johannes ist passionierter Profifußballspieler. Da seinem Verein der Abstieg in die zweite Bundesliga droht, beschließt er, sich noch schnell durch den Wechsel zu einem für die erste Bundesliga sicheren Kandidaten zu retten. Leider muß er dafür am Ort des neuen Vereins wohnen. Während der Fußballsaison hat Lothar Johannes so gut wie keine Gelegenheit, an den ursprünglichen Wohnort zu seiner Familie, wo seine Frau mit seinen beiden Kindern lebt, zurückzukehren. Daher muß die Familie mit ihm in die neue Stadt wechseln. Da beim Fußball jedoch niemand Not leiden muß, entschließt er sich kurzerhand, auch am Ort seines neuen Vereins ein Haus zu kaufen. Während nur er sich am neuen Ort mit seinem Erstwohnsitz anmeldet und am alten Ort seinen Zweitwohnsitz aufrechterhält, behält seine Familie am alten Ort komplett den Erstwohnsitz. Hierdurch sieht es auch von seiten der Einwohnermeldeämter danach aus, daß Lothar Johannes zwar am neuen Orte wohnt, seine Familie jedoch am alten Ort komplett verblieben ist. In seiner Steuererklärung macht der Fußballprofi Lothar Johannes daraufhin munter und vollkommen unsportlich Kosten einer doppelten Haushaltsführung geltend. Er behauptet, daß er jede Woche mindestens einmal an den Hauptwohnsitz seiner Familie zurückgekehrt wäre und sich nur nach Bedarf am neuen Wohnort aufgehalten habe. Daher macht er die bei der Pendelei angefallenen Fahrtkosten, Verpflegungsmehraufwendungen und die Kosten des am neuen Wohnort erworbenen Hauses im Wege der Abschreibung als Kosten der doppelten Haushaltsführung und damit als Werbungskosten geltend.

Fazit:
Lothar Johannes macht im Rahmen seiner Werbungskosten falsche Angaben zu den Aufwendungen für doppelte Haushaltsführung. Tatsächlich hat eine solche doppelte Haushaltsführung nicht bestanden, da die Familie des Lothar Johannes, also die Ehefrau und die beiden Kinder, mitsamt dem Wechsel zum neuen Verein mit in die neue Stadt gezogen sind und sich so deren Lebensmittelpunkt verlagert hat. Die Meldung der Familie am alten Wohnsitz vermittelt über die tatsächlichen Verhält-

nisse ein unzutreffendes Bild. Da dies absichtlich geschah, ist hinsichtlich der Steuern, die durch die fingierte doppelte Haushaltsführung verkürzt wurden, ein Vorsatz zu bejahen. Daher hat sich Lothar Johannes wegen Steuerhinterziehung strafbar gemacht.

63. Fortbildungen fingieren

Dipl.-Ing. Dirk Matte hat sich nach zwei Jahren des Lebens als Angestellter dazu entschlossen, endlich die Vorzüge der Selbständigkeit in vollen Zügen genießen zu können. Theoretisch bietet sich ihm dazu nun auch die Gelegenheit, da seine Auftragslage „derzeit noch" recht bescheiden ist. Teilweise findet er in dem zu seinem Büro gehörenden Briefkasten sogar nur noch Reklamezettel vor. Hierunter befinden sich auch zahlreiche Angebote von Seminarveranstaltern für Fortbildungsveranstaltungen. Des weiteren finden sich auch immer wieder Einladungen zu kostenlosen Veranstaltungen von seiten der Wirtschaft oder auch der Universitäten bei Dipl.-Ing. Dirk Matte ein. Diese Art der Werbung landet bei Dirk Matte zunächst in einem Ablagekorb.

Im Rahmen der Jahresabschlußarbeiten fällt Dirk Matte auf, daß er beim derzeitigen realen Stand des Gewinns aus seiner freiberuflichen Tätigkeit als Dipl.-Ing. mit einer Einkommensteuernachzahlung rechnen muß. Daher beschließt er nach Durchsicht seines Büro, ein wenig „an der Gewinnminimierungsschraube Fortbildungskosten" zu drehen. Er geht die von ihm über das Jahr gesammelten Einladungen zu den Informations- und Fortbildungsveranstaltungen durch und beschließt, soweit es möglich und glaubwürdig ist, einfach ein paar Betriebsausgaben hinzuzu dichten. So greift er sich insgesamt 12 Veranstaltungen heraus und beginnt, nachträglich für diese Aufzeichnungen über Abwesenheit und Entfernung zur Erlangung von Pauschalen für Verpflegungsmehraufwendungen und Fahrtkosten zu erstellen. „Dem Ingenör is' nix zu schwör!" freut er sich dabei.

Fazit:
Dipl.-Ing. Dirk Matte fertigt falsche Aufzeichnungen über die Teilnahme an Fortbildungsveranstaltungen. Hierbei setzt er zum einen Verpflegungsmehraufwendungen und zum anderen Fahrtkosten im Rahmen seiner Gewinnermittlung als Betriebsausgaben an. In Höhe der auf diese fingierten Fortbildungskosten entfallenden Einkommensteuer tritt folglich eine Steuerverkürzung ein. Hinsichtlich der bei der Fälschung

der Aufzeichnungen an den Tag gelegten Akribie ist ein Vorsatz des Dipl.-Ing. Dirk Matte bezüglich der Steuerverkürzung unstreitig zu bejahen. Somit macht sich Dipl.-Ing. Dirk Matte wegen Steuerhinterziehung strafbar.

65. Mobiltelefon „rein beruflich“ nutzen

Hans Wurst ist leidenschaftlicher Angeber und darüber hinaus zur Zeit in Ausbildung für den Beruf eines Versicherungsvertreters. Bedingt durch seine häufige Außendiensttätigkeit als Schüler der Berufsschule und der hierdurch ebenfalls bedingten Unentbehrlichkeit seiner Person für die Geschäftsleitung des Versicherungskonzerns, die ihn anstellte, hat sich Hans Wurst von seinem ersten Gehalt direkt ein Mobiltelefon angeschafft. Selbstverständlich kam dieses jedoch in höchstens 3 % aller selbstgeführten oder auch angerufenen Gespräche für berufliche Zwecke zum Einsatz. Der restliche und überwiegende Anteil war rein privater Natur.

Getreu der alten Devise: Einmal wichtig, immer wichtig! schrieb sich Hans Wurst – auch bekannt unter Handy Hansi – auf Geschäftspapier eine eigene Bestätigung dafür, daß er das Mobiltelefon zwingend für berufliche Zwecke benutzen müsse und daher angeschafft habe. Selbstverständlich sei es aber auf Auszubildendenebene nicht möglich, seitens des Arbeitgebers hierfür Zuschüsse zu gewähren. Aufgrund der ungeheuren Aussage- und Überzeugungskraft dieser Bescheinigung wurden auch tatsächlich neben der Anschaffung sämtliche Gesprächsgebühren im Rahmen der Einkommensteuererklärung des Hans Wurst von seiten des Finanzamts bei der Steuerfestsetzung anerkannt.

Fazit:
Hansi – Handy – Wurst hat durch das Vorbringen falscher Tatsachen, nämlich einer selbsterstellten und somit gefälschten Arbeitgeberbescheinigung, erreicht, daß im Rahmen seiner Steuerfestsetzung die Kosten für ein einwandfrei der privaten Lebenssphäre zuzuordnendes Mobiltelefon als Werbungskosten akzeptiert wurden. Hierdurch kommt es in Höhe der hierauf entfallenden Einkommensteuerbeträge zu einer Steuerverkürzung. Indem Hans Wurst seine „Arbeitgeberbescheinigung“ selbst gestaltete, kommt sein eindeutiger Vorsatz zum Vorschein. Daher hat sich Hans Wurst wegen Steuerhinterziehung strafbar gemacht.

65. Künstliche Bewerbungskosten bzw. auch die Erstattung echter angefallener Bewerbungskosten nicht gegenrechnen

Susi Sorglos war komplett verzweifelt. Seit Monaten versuchte sie schon, eine Anstellung als Sekretärin zu finden. Doch sie bekam immer nur Absagen. Sie hatte sich bis einschließlich Juli vergangenen Jahres bald an 100 Lebensläufen die Finger wund geschrieben. Zum 1. August hatte Susi Sorglos dann endlich die ersehnte Stelle als Sekretärin bei einem Speditionsunternehmen antreten können. Im Rahmen der Erstellung ihrer Einkommensteuererklärung machte sich Susi auch Gedanken zu den ihr entstandenen Bewerbungskosten. So befand sie, daß sie aus den angefallenen tatsächlichen Bewerbungskosten pro Bewerbung eine Pauschale bilden könnte in Höhe von 18 DM. Als sie so ihre 100 Bewerbungen zusammengerechnet hatte, kam sie gerade mal auf 1.800 DM Werbungskosten aufgrund der schriftlichen Bewerbungen. Daher beschloß sie „zur Sicherheit" lieber noch ein paar Bewerbungen dazu zu erfinden. Sie setzte in ihrer Einkommensteuererklärung daher insgesamt Bewerbungskosten für 128 Bewerbungsmappen à 18 DM an. Von 15 Firmen war sie auch zu einem Vorstellungsgespräch eingeladen worden. Sie hatte selbstverständlich nach erfolgter Absage sofort die ihr entstandenen Fahrtkosten, die sie mit dem eigenen Pkw gehabt hatte, der jeweiligen Firma mit 0,52 DM pro km in Rechnung gestellt. Im Rahmen der Erstellung ihrer Einkommensteuererklärung unterließ sie es jedoch, die erhaltenen Erstattungen der abweisenden Firmen den Kosten gegenzurechnen. So gab sie Fahrtkosten zu 40 Firmen über insgesamt 2.000 km à 0,52 DM, also insgesamt Werbungskosten über 3.344 DM an Bewerbungskosten an. Zusammen mit ihren weiteren Bewerbungskosten gelangte Susi Sorglos somit zu einer Erstattung aller vom Arbeitgeber einbehaltenen Lohnsteuerbeträge. „So, jetzt wird erst mal Urlaub gemacht!" war ihr erster Gedanke, als sie ihren Steuerbescheid erhielt.

Fazit:

Susi Sorglos hat bei der Erstellung ihrer Einkommensteuererklärung ihre Bewerbungskosten „geschönt"! Sie hat zum einen 28 Bewerbungsmappen hinzugedichtet und zum anderen keine Gegenrechnung von Fahrtkostenerstattungen vorgenommen. Hierdurch ist eine Steuerverkürzung durch zuviel erstattete einbehaltene Lohnsteuer eingetreten. Indem Susi Sorglos es vorzog, das zuviel erhaltene Geld in einen Urlaub zu investieren anstelle ihren Steuerpflichten korrekt nachzukommen, handelte sie diesbezüglich auch vorsätzlich. Daher hat sich Susi Sorglos wegen Steuerhinterziehung strafbar gemacht.

66. Eine gewerbliche Vermietung in die private Vermögensebene verlagern

Knut Nielsen ist stolzer Besitzer dreier Segeljachten und der dazugehörigen Trailer. Ursprünglich hatte er mal nur eine eigene besessen, wobei aber die Mietnachfrage innerhalb seines sehr großen Bekanntenkreises derart ausgeufert war, daß er kaum noch die Jacht selbst nutzen konnte, wann er es wollte. Daher erfolgte aufgrund der steigenden Nachfrage und des lukrativ zu erzielenden Pachtzinses der Ausbau seiner persönlichen Flotte innerhalb von fünf Jahren auf drei Segeljachten.

Gegenüber den Pächtern trat Knut Nielsen immer wie ein Privatmann auf, der aus Gefälligkeit „gegen angemessenes Entgelt" seine jeweilige Jacht zur Verfügung stellt. Gegenüber dem Finanzamt erklärte er zwar stets und aufrichtig sämtliche Einnahmen, setzte aber auch in zutreffender Höhe die auf die jeweiligen Jachten entfallenden Abschreibungsbeträge ab. Obwohl Knut Nielsen inzwischen unstreitig von der am Anfang erfolgten „privaten" Vermietung zum Gewerbebetrieb aufgestiegen war, ließ er die Qualifikation seiner Einkünfte unverändert als solche aus Vermietung und Verpachtung. Seine Einstellung hierzu war ganz klar: „Sollen die Landratten vom Finanzamt doch etwas daran ändern, wenn ihnen das nicht gefällt!"

Als Knut Nielsen das zuerst erworbene Schiff veräußerte, sah er daher auch keine Notwendigkeit darin, die sich gebildeten stillen Reserven gewinnerhöhend aufzudecken. „Das ist alles privat!" fand er. Das Finanzamt folgte im daraufhin ergangenen Steuerbescheid den Angaben des Knut Nielsen.

Fazit:
Bei der Vermietung und Verpachtung von drei Segeljachten liegt ein Gewerbebetrieb vor. Daher sind auch alle gebildeten stillen Reserven im Fall der Veräußerung einer Jacht zwingend der Versteuerung durch die Einkommensteuer zu unterwerfen. Knut Nielsen hat durch die Nichtangabe der stillen Reserven aufgrund einer falschen Qualifikation der Einkünfte als solche aus Vermietung und Verpachtung anstatt solcher

aus Gewerbebetrieb Einkommensteuer verkürzt. Dieses Vorgehen erfolgte durch ihn auch vorsätzlich. Somit hat sich Knut Nielsen wegen Steuerhinterziehung strafbar gemacht.

67. Pkw-„Pool" – Verzicht auf private Besteuerung möglich?

Die Geschäftsführer der Werbeagentur K & T GmbH (Kreativ & Toll GmbH) haben die horrende inländische Besteuerung eines privat genutzten Pkws satt! Sie beschließen daraufhin, daß keiner der drei Geschäftsführer mehr persönlich einen Pkw für geschäftliche und auch private Zwecke nutzen dürfe – zumindest keinen ihm persönlich zugeteilten Pkw! Denn sie wähnen sich an der grünen Seite des Steuerrechts angekommen zu sein. Sie glauben es sogar selbst, eine nahezu legale Möglichkeit des Verzichts auf die Privatnutzung der Pkw gefunden zu haben. Sie beschließen, daß von nun an „offiziell" kein Pkw mehr für Privatfahrten genutzt werden dürfe. Des weiteren sollen alle Firmenwagen in einen Pkw-„Pool" gelangen. Hieraus soll derjenige, der eine betriebliche Fahrt vor hat, jeweils den Pkw bekommen, der noch da ist. Des weiteren sollen die Pkw laut dem gefaßten Beschluß auch über Nacht auf dem Gelände der Werbeagentur K & T GmbH verbleiben. Außerdem soll für jede betrieblich geführte Fahrt in einem eigens dafür vorgesehenen Fahrtenbuch Aufzeichnungen gemacht werden. Tatsächlich ändern die drei Geschäftsführer an ihrem Verhalten nichts: Jeder behält seinen Pkw wie bisher und fährt lustig und munter auch weiterhin für private Zwecke durch die Gegend und fälscht das Fahrtenbuch.

Fazit:

Die drei Geschäftsführer nutzen betriebliche Pkw auch für private Zwecke. Die Erklärung des Pkw-Bestands als Pkw-Pool und die Fälschung der Fahrtenbücher sind in soweit vollkommen unbeachtlich. Hinsichtlich der Besteuerung der Privatnutzung eines betrieblichen Pkws kommt es nur auf die tatsächlichen Verhältnisse an. Durch die zugrunde gelegten falschen Vorgaben wird die Lohnsteuer der einzelnen Geschäftsführer in unzutreffender Höhe zu gering erhoben. Des weiteren wird die bei privater Pkw-Nutzung anfallende Umsatzsteuer nicht an das Finanzamt abgeführt. Somit liegt Steuerverkürzung in zweifacher Hinsicht vor. Des weiteren erfolgt das Handeln der Geschäftsführer vorsätzlich. Auch wenn die K & T GmbH Schuldner der Lohn- und Umsatzsteuer ist, können dennoch durchaus die Geschäftsführer als gesetzlicher Vertreter der GmbH Täter einer Steuerhinterziehung sein, da sie für die GmbH Steuern hinterziehen. Somit haben sich alle drei Geschäftsführer wegen Steuerhinterziehung strafbar gemacht.

68. Pkw-Versicherung auf ein Elternteil anmelden und trotzdem die Prämie als Sonderausgaben absetzen

Volker Wirt ist Anfang 20 und befindet sich in der Ausbildung der Verwaltungslaufbahn für Beamte. Als vor zwei Jahren sein Vater in den wohlverdienten Ruhestand ging, beschloß man, daß Volker den Wagen seiner Mutter übernehmen solle. Schließlich brauchten die Eltern seit diesem Zeitpunkt nur noch ein Auto. So geschah es dann auch, daß er seiner Mutter ihren Pkw zu einem familiären fairen Preis abkaufte und von nun an alle laufenden Kosten auch selbst tragen sollte. Da er als Auszubildender geradeso für die niedrigen Versicherungsprämien der günstigen Einstufung seiner Mutter aufkommen konnte, wurden diese fortan zwar von seinem Konto abgebucht, der Versicherungsvertrag lautete jedoch weiterhin auf seine Mutter. Im Rahmen der Erstellung seiner persönlichen Einkommensteuererklärung entdeckte Volker Wirt, daß er zur Optimierung einer Steuererstattung durchaus auf den Ansatz der Versicherungsbeträge angewiesen war. Eine Nachfrage bei einem Kollegen vom Finanzamt machte jedoch umgehend in Volker Wirts Gesicht Ernüchterung breit: Ließ es doch das Steuerrecht tatsächlich nur zu, daß derjenige, der sowohl Versicherungsnehmer als auch wirtschaftlich Leistender ist, die Berechtigung zum Sonderausgabenabzug hat. Diese Aussage traf auf recht großes Unverständnis bei Volker Wirt. Wenn er die Versicherungsprämien zahlt, dann will er sie auch absetzen können, war seine Meinung. Folglich gelangten die Prämien in seiner Steuererklärung in den Sonderausgabenbereich. Volker Wirt freute sich indes hämisch über die ihm zusagende Steuererstattung.

Fazit:
Volker Wirt hat solche Versicherungsprämien als Sonderausgaben in seiner Einkommensteuererklärung geltend gemacht, die er zwar wirtschaftlich leistet, aber deren Versicherungsnehmer er nicht ist. Hierdurch kommt es in Form der höheren Steuererstattung zu einer Steuerverkürzung. Diesbezüglich handelte Volker Wirt auch vorsätzlich. Ob er persönlich zwingende steuerliche Bestimmungen für sich akzeptieren kann oder nicht, rechtfertigt in keinem Fall einen von diesen Bestimmungen abweichenden Ansatz im Rahmen der Einkommensteuererklärung. Somit hat sich Volker Wirt wegen Steuerhinterziehung strafbar gemacht.

69. Hausbaufinanzierung: Sondertilgungen mit Schwarzgeld!

Pommesbudenbesitzer Kalle König ist neuerdings stolzer Besitzer eines Eigenheimes. Durch den vor drei Jahren erfolgten Ausbau der Straße, an der Kalle König seine Pommesbude betreibt, zur Hauptverkehrsstraße und damit auch zum Verkehrsknotenpunkt für die umliegenden Dörfer, ist der Umsatz in die Höhe geschnellt. So war der erste Schritt zum Eigenheim nicht schwer. Den Kredit bekam er bei der örtlichen Bank auch sehr schnell, da entgegen seiner finanzamtlichen Unterlagen dem zuständigen Kreditsachbearbeiter augenzwinkernd klar war, wie „wirtschaftlich" die Pommesbude des Kalle König tatsächlich ist. Um Rückfragen durch das Finanzamt zu vermeiden, finanzierte Kalle König den Kauf seines Eigenheims komplett über einen großen Kredit. Dann hatte er sich überlegt, „etwas Gras über die Sache wachsen zu lassen" und fünf Jahre lang die vereinbarten Zins- und Tilgungsraten eingehalten. Danach begann er mit jährlichen Sondertilgungen in Höhe von 50.000 bis 100.000 DM – je nachdem wie oft er Gelegenheit hatte, in der Schweiz „Urlaub" zu machen. Somit hat Kalle König sein Eigenheim innerhalb von 10 Jahren komplett getilgt. Im Rahmen der Betriebsprüfung der letzten drei Besteuerungszeiträume, die in die Zeit der Hausfinanzierung fallen, verlangt der Betriebsprüfer Einsicht in die Hausfinanzierung. Auf die Frage der Herkunft der Mittel für Zwecke der Sondertilgung erhält er von Kalle König keine Auskunft.

Fazit:
Pommesbudenbesitzer Kalle König hat den Kredit zur Hausbaufinanzierung über Tilgungen mit Schwarzgeld zurückgeführt. Unter Schwarzgeld sind hier nicht versteuerte Einnahmen aus seinem Pommesbudenbetrieb zu verstehen. Das heißt, daß Kalle König über Jahre gegenüber dem Finanzamt nicht alle Einnahmen aus dem Betrieb der Pommesbude offengelegt hat. Des weiteren bedeutet dies, daß er das so erwirtschaftete Schwarzkapital in die Schweiz ausgeführt und konsequenterweise keine Zinsen hieraus erklärt hat. Sämtliche Vorgänge erfolgten vorsätzlich. Daher hat sich Kalle König wegen mehrfacher Steuerhinterziehung strafbar gemacht: zum einen hinsichtlich der Umsatzsteuer wegen

falscher Umsatzsteuervoranmeldungen und Umsatzsteuerjahreserklärungen, zum anderen hinsichtlich der Einkommensteuer wegen unzureichend erklärter Betriebs- und Zinseinnahmen.

70. Putzfrau putzt auch die Privatwohnung – trotzdem voller Ansatz als Betriebsausgaben

Rechtsanwalt Notar Dr. Reiner Reinlich hat den Dreh raus: Er unterhält in derselben Straße seine Privatwohnung und auch seine recht imposanten Praxisräume. Da Dr. Reinlich seit seiner eigenen Bundeswehrzeit ein großer Freund sauberer Stuben ist, hat er sowohl für seine Praxisräume als auch für seine Privatwohnung die eifrige Raumpflegerin Rita Fleckweg engagiert. Rita Fleckweg fängt jeden Tag mittags um 14.00 Uhr an, zunächst die Wohnung des Dr. Reiner Reinlich auf Hochglanz zu polieren, um anschließend so gegen 18.00 Uhr bis 21.00 Uhr in den Praxisräumen für penible Ordnung zu sorgen. Ihr Gehalt erhält Rita Fleckweg stets pünktlich am Ende des Monats, denn Dr. Reiner Reinlichs Devise lautet: „Pünktliches Geld für pünktliche Arbeit!“ Das Gehalt wird stets in einer Summe vom betrieblichen Konto der Rechtsanwaltskanzlei überwiesen. Als Text erscheint: „Vergütung Raumpflege Rechtsanwaltskanzlei“. Aufgrund der eindeutigen Textung des Dauerauftrags wird die Raumpflegerin Rita Fleckweg stets vom beauftragten Steuerberatungsbüro als Arbeitnehmerin des Rechtsanwalts und Notars Dr. Reiner Reinlich behandelt. Folglich verbucht das Steuerberatungsbüro ihr Gehalt in voller Höhe als Betriebsausgaben der Rechtsanwalts-/Notarkanzlei Dr. Reiner Reinlich. Rechtsanwalt Dr. Reiner Reinlich ist sich dessen zwar schon vollständig bewußt, ist aber der Auffassung, daß er als besserverdienender und wichtiger Steuerzahler sein persönliches „Steuersparmodell“ in Form der Raumpflegerin Rita Fleckweg ausnutzen dürfe. Außerdem ist er irrtümlich der Meinung, daß bei Rechtsanwälten bzw. Notaren sowieso keine Betriebsprüfung stattfinden würde. Per Zufallsauswahl seitens der Finanzverwaltung wurde Dr. Reiner Reinlich nun doch von der Betriebsprüfung „besucht“. In deren Rahmen findet der Betriebsprüfer bei den Krankmeldungen der Rita Fleckweg einen Hinweis darauf, daß sie in der Privatwohnung des Dr. Reiner Reinlich einen Arbeitsunfall erlitten hatte und deswegen leider zwei Wochen krank geschrieben werden mußte. Diese Mitteilung hatte Dr. Reinlich vergessen, vor der Prüfung „aus seinen Akten zu nehmen“.

Fazit:

Die Raumpflegerin Rita Fleckweg ist sowohl in den Praxisräumen als auch in der Privatwohnung des Rechtsanwalts Dr. Reiner Reinlich tätig. Daher stellt nur die für die Reinigung der Praxisräume entrichtete Vergütung eine betrieblich veranlaßte Ausgabe dar. Soweit die Vergütung auf die Reinigung der Privaträume des Dr. Reinlich entfällt, liegen keine Betriebsausgaben vor. In Höhe der hierauf entfallenden Einkommensteuer tritt eine Steuerverkürzung ein. Ein Vorsatz dieser offensichtlichen falschen Handhabung der Lohnkosten der Raumpflegerin Rita Fleckweg kann unproblematisch unterstellt werden. Somit erfolgte die Steuerverkürzung durch Dr. Reiner Reinlich vorsätzlich. Da des weiteren auch keine Rechtfertigungs- oder Schuldausschließungsgründe vorliegen, hat sich Dr. Reiner Reinlich wegen Steuerhinterziehung strafbar gemacht.

71. Telefonanlage mit Privatanschlüssen als vollständige Betriebsausgabe verbuchen

Dr. Frank Stein unterhält als erfolgreicher Allgemeinmediziner im eigenen Zweifamilienhaus in den Räumen im Erdgeschoß seine Praxis. Zur Kostenoptimierung wird das Zweifamilienhaus insgesamt von einer Telefonanlage betrieben. Hierbei gibt es fünf Rufnummern: zwei Rufnummern für die Praxis, einen Telefaxanschluß und eine Privatnummer für Dr. Frank Stein und seine Ehefrau Ursula, und ebenfalls eine eigene Rufnummer haben zusammen seine beiden Kinder. Monatlich erhält er eine Gesamttelefonrechnung, deren vollständige Bezahlung vom geschäftlichen Konto der Arztpraxis erfolgt. Seine Buchführung läßt Dr. Frank Stein von einem Steuerberater erledigen. Absichtlich reicht Dr. Frank Stein niemals die Telefonrechnungen mit ein. Daher geht der Steuerberater bei der monatlichen Verbuchung davon aus, daß es sich bei den Telefonkosten, die auf den Kontoauszügen erscheinen, nur um solche für die Telefongespräche der Arztpraxis handelt. Als der Steuerberater im Rahmen der Abschlußarbeiten nach den Telefonrechnungen fragt, behauptet Dr. Frank Stein, diese nicht aufgehoben zu haben: „Die Telefonkosten können Sie doch auch auf den Kontoauszügen sehen!" Der Steuerberater macht sich von dem Telefonat eine Notiz und legt diese zu seinen Akten. Da er nunmehr davon ausgehen muß, daß für die Privatwohnung des Arztes ein separater Telefonanschluß besteht, läßt er es dabei bewenden. Die Telefonkosten werden daher insgesamt als vollkommen betrieblich veranlaßte Betriebsausgaben in voller Höhe gewinnmindernd in Ansatz gebracht.

Fazit:

Die Telefonkosten haben insgesamt den Gewinn aus der Arztpraxis des Dr. Frank Stein gemindert. Diese Gewinnminderung ist in jedem Fall in Höhe der beiden Privatnummern aus der Privatwohnung des Arztes unzutreffend. In der hierauf entfallenden Höhe wurden folglich Einkommensteuerbeträge verkürzt. Indem Dr. Frank Stein auch absichtlich keinerlei Telefonrechnungen für die Erstellung seiner Buchführung einreichte bzw. auch die vorsorgliche Anfrage seines Steuerberaters verneinte, handelt er vorsätzlich. Somit hat sich Dr. Frank Stein wegen

Steuerhinterziehung strafbar gemacht. Wenn die insgesamt betrachtete Höhe der Telefonkosten nicht außergewöhnlich hoch sein sollte, können sich hieraus wegen der Nachfrage für den Steuerberater keine steuerstrafrechtlichen Konsequenzen ergeben. Andernfalls könnte eventuell eine Fahrlässigkeit vorgelegen haben.

72. „Hausmeister“ bei Vermietung und Verpachtung

Rentner Rudi Rüstig ist von Natur aus ein sehr hilfsbereiter Mensch. Er wohnt nur zwei Straßen weiter von einem gerade fertiggestellten Neubaugebiet entfernt. Rudi weiß auch, daß seine alte Bekannte Beatrice Bordeaux die Errichterin der Neubauanlage ist: Hatte Beatrice Bordeaux ihn doch neulich besucht und um einen „Gefallen“ gebeten. Um Steuern zu sparen, bräuchte sie dringend für den doch stattlichen neu errichteten Grundbesitz einen Hausmeister, der ihr „für die Steuern“ eine monatliche Quittung über den Barbezug einer Vergütung für die Tätigkeit als Hausmeister unterzeichnet. Da der Rentner Rudi Rüstig für sich persönlich keine Nachteile erkennen konnte, zumal er selbst weit von einer sachlichen Einkommensteuerpflicht entfernt war, wollte er seiner alten Bekannten Beatrice Bordeaux selbstverständlich gerne mit seiner monatlichen Unterschrift helfen. Als Dankeschön erhielt er von da an jeden Monat für seine Unterschriftsleistung eine Flasche Wein.

Beatrice Bordeaux reichte die monatlichen Quittungen über 500 DM Lohnzahlung an Rudi Rüstig bei ihrem Steuerberater ein, der diese als sonstige Werbungskosten für die Beschäftigung eines Hausmeisters von den Mieteinnahmen der neu errichteten Gebäude absetzte.

Fazit:
Rudi Rüstig übt tatsächlich keine Hausmeistertätigkeit aus und erhält mangels Vergütungsanspruchs auch keine Bezahlung. Beatrice Bordeaux hat somit in Wirklichkeit für die Beschäftigung eines Hausmeisters in ihrem Neubaugebiet gar keine Zahlung geleistet.

Indem diese Quittungen als Werbungskosten tatsächlich zum Ansatz kommen, werden in der darauf entfallenden Höhe Einkommensteuern verkürzt. Hierbei handelt Beatrice Bordeaux vorsätzlich, indem sie sich zunächst die Quittungen verschafft, diese dann bei ihrem Steuerberater als wirkliche Kosten einreicht und auch den vom Steuerberater ermittelten Ansatz in ihrer Einkommensteuererklärung beläßt.

Somit hat sich Beatrice Bordeaux wegen Steuerhinterziehung strafbar gemacht. Die Unterschriftsleistung des Rudi Rüstig kann steuerstrafrechtlich als strafbare Beihilfehandlung angesehen werden.

73. Veräußerung von Anlagevermögen an nahe Angehörige

Ferdinand Posch ist seit Jahren erfolgreicher Vertreter einer großen deutschen Automarke. Im Umkreis unterhält er 12 Filialen. Auch im Privatleben ist er sehr erfolgreich: Hat er doch mit seiner dritten Frau Sarah insgesamt 5 kräftige Söhne hervorgebracht.

Eines Tages kam, was kommen mußte: Der älteste Sohn Sascha wurde zuerst 18 und bestand dann auch noch seinen Führerschein. Als markenmäßig gebundener Händler mußte Ferdinand Posch schon allein aus Werbegründen für sein Autohaus seinem Sohn Sascha ein Vehikel „zur Verfügung stellen". Da jeder mal klein anfängt, sollte sein Sohn Sascha als Erstfahrzeug einen 10 Jahre alten gebrauchten Pkw mit einem geschätzten Zeitwert von 20.000 DM erhalten. Es handelt sich hierbei um ein Gebrauchtfahrzeug aus seinem Lagerbestand, welches zur Zeit einen Buchwert von 5.000 DM aufwies.

Ferdinand Posch wußte jedoch, daß er im Fall der Schenkung des Pkws an seinen Sohn die Differenz zwischen dem Buchwert und dem Zeitwert in Höhe von 15.000 DM im Rahmen seiner Einkommensteuer hätte ansetzen müssen und auch den auf 20.000 DM entfallenden Umsatzsteuerbetrag an das Finanzamt entrichten müssen. Daher suchte er den Sachverständigen Schimmel auf: „Mach mal ein günstiges Gutachten für das Finanzamt!" Und so kam der Sachverständige Schimmel zu dem Schluß, daß – die Sonne stand auch schon sehr tief – der 10 Jahre alte Pkw doch tatsächlich nur noch einen Zeitwert von 10.000 DM hatte.

Aufgrund dieses Gutachtens konnte Ferdinand Posch dann lächelnd die 5.000 DM stillen Reserven und die auf die 10.000 DM Zeitwert entfallende Mehrwertsteuer an das Finanzamt entrichten. Auch Sohn Sascha war überglücklich: Konnte er doch jetzt morgens länger schlafen, da er nur noch ein Viertel der Zeit – im Vergleich zur Benutzung von öffentlichen Verkehrsmitteln – für den Weg zur Schule benötigte.

Fazit:
Ferdinand Posch und der Sachverständige Schimmel könnten sich wegen Steuerhinterziehung strafbar gemacht haben. Indem der Schenkung des Pkws an den Sohn Sascha von Ferdinand Posch aufgrund des Gutachtens ein Zeitwert von 10.000 DM statt 20.000 DM zugrunde gelegt wurde, kommt es zu zwei Steuerverkürzungen: Zum einen werden die gebildeten stillen Reserven zwischen Zeit- und Buchwert unzutreffend mit der Folge einer zu niedrigen Einkommensbesteuerung aufgedeckt und zum anderen auf die zu niedrige Bemessungsgrundlage bezogen zu wenig Umsatzsteuer an das Finanzamt abgeführt. Hierbei handelte Ferdinand Posch bei der Beauftragung und der Sachverständige Schimmel bei der Durchführung des Gutachtens vorsätzlich.

Somit hat sich Ferdinand Posch wegen Steuerhinterziehung strafbar gemacht. Die Erstellung des Gutachtens durch den Sachverständigen Schimmel ist in steuerstrafrechtlicher Hinsicht zumindest als strafbare Beihilfehandlung zur Steuerhinterziehung des Ferdinand Posch zu qualifizieren.

74. Volles Kindergeld beziehen für ein Kind, das im Ausland mit niedrigen Lebenshaltungskosten studiert

Bernd und Anneliese Meier sind so stolz auf ihre Tochter Tanja. War Tanja doch schon seit jeher in ihrer Klasse die Beste und sollte sich dieses Vorzeichen sogar auch im Studium bewahrheiten. Tanja studierte im 6. Semester Betriebswirtschaftslehre und war Mitglied eines Förderungsprogramms für begabte Studenten. Aufgrund ihrer hohen Qualifikation hatte Tanja den Zuschlag für einen einjährigen Auslandsaufenthalt bekommen. Überglücklich trat sie daher im Januar für genau 12 Monate ihren Studienplatz in Brasilien an. Die weite Entfernung von zu Hause war ihr egal. In den kommenden 12 Monaten wollte sie ihren Eltern und vor allen Dingen auch sich selbst ihre absolute Selbständigkeit beweisen. Während dieser Zeit waren ihre Eltern Bernd und Anneliese Meier auch nicht untätig: Sie beantragten und erhielten daraufhin für alle 12 Monate das volle Kindergeld für Tanja ausgezahlt. Ein bißchen waren Bernd und Anneliese Meier schon verwundert, hatte ihre Tochter ihnen doch geschrieben, daß die normalen Dinge des Lebens wie z. B. Lebensmittel in Brasilien so unglaublich billig wären. Warum sollten sie dann das volle Kindergeld erhalten, wenn ihre Tochter tatsächlich viel günstiger als in Deutschland leben konnte? Doch hier ließen Bernd und Anneliese Meier den alten Grundsatz walten: Alles Gute kommt von oben! Daher reichten sie zur Erlangung des Kindergeldes lediglich die inländische Studienbescheinigung ein, verzichteten aber absichtlich auf die Angabe zum Aufenthaltsort ihrer Tochter Tanja. Dies war für sie auch einleuchtend, da daß Studium der Tochter schon bis dato sehr viel Geld verschlungen hatte. Daher war es für die Eltern eine geradezu ausgleichende Gerechtigkeit, wenn sie nunmehr vom Staat das volle Kindergeld erhielten, auch wenn sie für ihre Tochter dank des Stipendiums und der günstigen Lebenshaltungskosten in Brasilien weniger als bisher aufwenden mußten.

Fazit:

Die Eltern von Tanja könnten sich durch den Bezug des vollen Kindergeldes für Tanja wegen Steuerhinterziehung strafbar gemacht haben. Kindergeldzahlungen als solche unterliegen grundsätzlich auch dem

Steuerstrafrecht. Bernd und Anneliese Meier haben volles Kindergeld für ihre Tochter Tanja bezogen, obwohl sie wußten, daß in dem Studienstaat Brasilien wesentlich niedrigere Lebenshaltungskosten bestehen. Tatsächlich kann vorliegend für Brasilien nur ein Drittel des üblichen Kinderfreibetrages bzw. des Kindergeldes in Anspruch genommen werden. Folglich wurden im übersteigenden Teil von 2/3 des Kindergeldes Steuern verkürzt. Auf die entsprechende Anfrage nach dem Aufenthaltsort im Antrag auf Kindergeld haben Bernd und Anneliese Meier absichtlich nicht reagiert. Daher handelten sie auch vorsätzlich. Somit haben sich Bernd und Anneliese Meier wegen Steuerhinterziehung durch die Verkürzung von Kindergeld strafbar gemacht.

75. Kindergeld für ein Kind beziehen, das das Studium abgebrochen hat und statt dessen arbeitet

Ernst und Renate Zehnpfennig können es gar nicht fassen: Da haben sie ihrem Kind jahrelang alle Wünsche von den Lippen abgelesen, sogar am Studienort die eigene Wohnung gekauft und auch ihrer Meinung nach moralisch ganze Arbeit geleistet. Und dann so was! Jetzt, nach 12 Semestern kurz vor dem Physikum bricht die heiß geliebte Tochter doch einfach das Medizinstudium ab. Und noch viel schlimmer! Sie will Arzthelferin werden. Dafür hätte sie sich ja auch nach der mittleren Reife entscheiden können, so die Ansicht der Eltern. Aber das Schlimmste: Die Tochter muß zunächst eine Wartezeit bis zum Antritt der Lehrstelle von 2 Jahren überbrücken. Während dieser Zeit will sie als Aushilfe im Krankenhaus arbeiten. Vielleicht will sie danach auch gar keine Lehre mehr beginnen. Aber, oh Schreck: Dann fällt ja jetzt, im April, schon das Kindergeld weg. Ach was, das darf ja wohl nicht wahr sein! Daher sagen die Eltern zu ihrer Tochter: „Du mußt unbedingt für das Medizinstudium weiterhin eingeschrieben bleiben! Nur so behalten wir den Anspruch auf Kindergeld ganz sicher !“ Kaum war es gesprochen, wurde es auch so getan und gerne die 100 DM für die zu späte Rückmeldung an die Universitätskasse überwiesen. Das Kindergeld wurde in der Folgezeit jeweils schweigsam vereinnahmt.

Fazit:
Die Gewährung von Kindergeld stellt eine im Einkommensteuerbereich anzusiedelnde Begünstigung von Eltern mit Kindern dar. Daher sind auf das Kindergeld die für die übrigen Steuerarten auch geltenden Grundsätze des Steuerstrafrechts vollständig anwendbar. Obwohl in Wirklichkeit die Tochter nicht mehr ihr Medizinstudium ausübt, sondern als Aushilfe im Krankenhaus jobbt, beziehen die Eltern weiterhin für sie Kindergeld. Die Tochter hat sich sogar auf Anraten der Eltern erneut in den überhaupt nicht mehr ausgeübten Studiengang einschreiben müssen. Somit findet ab April jeden Monat eine Steuerverkürzung durch Vereinnahmung des Kindergeldes statt. Die Vorsätzlichkeit dieses Geschehens ist offensichtlich. Daher haben sich die Eltern wegen gemeinschaftlicher Steuerhinterziehung strafbar gemacht. Unter Umständen

könnte die durch die Tochter erneut erfolgte Einschreibung sogar als Beihilfehandlung zur Steuerhinterziehung strafrechtlich gewertet werden.

76. Nichtangabe von Bezügen mit Progressionsvorbehalt

Kuno Kräftig ist gelernter Dachdecker. Seit Jahren ist er schon bei ein und demselben Betrieb angestellt. Aufgrund der Milde der letzten Winter wurde er letzten Dezember vor eine vollkommen neue Situation gestellt: Da war es doch tatsächlich 4 Tage nicht möglich, aufgrund starken Schneefalles zu arbeiten. Da bekanntermaßen auf Baustellen auch der alte Grundsatz „ohne Lohn keine Arbeit" gilt, erhielt Kuno Kräftig aus der extra dafür eigens eingerichteten Schlechtwetterkasse für diesen Zeitraum einen Ausgleich. Am Jahresende wurde daraufhin sogar eine Jahresbescheinigung über bezogenes Schlechtwettergeld ausgestellt und ihm zugeschickt. Auf seiner Lohnsteuerkarte befanden sich keinerlei Vermerke. Ohne mit der Wimper zu zucken beschloß Kuno Kräftig daher, knallhart wie er war, das Schlechtwettergeld in seiner Einkommensteuererklärung nicht anzugeben, denn schließlich gab es für ihn kein schlechtes Wetter, sondern nur falsche Kleidung. Die Parallele auf seiten der Einnahme zwischen dem normalen Arbeitslohn und dem jetzt erhaltenen Schlechtwettergeld war ihm durchaus bewußt. Dennoch dachte er: „Sollen doch die sich melden, wenn die noch Fragen haben!"

Fazit:
Das Schlechtwettergeld als solches unterliegt nicht der Einkommensteuerpflicht. Dennoch verzichtet der deutsche Fiskus nicht vollständig auf dessen Erfassung: Nach dem Grundsatz der Besteuerung nach der Leistungsfähigkeit wird das Schlechtwettergeld genauso wie z.B. auch Arbeitslosengeld zwar für die Bemessung des Steuersatzes benötigt, aber nicht selbst besteuert. D.h., daß das Schlechtwettergeld zwar den Steuersatz anhebt, aber selbst keiner Besteuerung unterliegt. In dem auf die Steuererklärung folgenden Steuerbescheid des Kuno Kräftig wurde folglich der zu niedriger Steuersätze zugrunde gelegt. Hierdurch kommt es in Höhe der Differenz zwischen der Steuer, die bei Anwendung des richtigen Steuersatzes festzusetzen gewesen wäre, und der nunmehr festgesetzten Steuer zu einer Steuerverkürzung. Diese Verkürzung hat Kuno Kräftig auch vorsätzlich herbeigeführt. Da sich der Steueranspruch als öffentlich-rechtlicher nicht auf das erklärte, sondern auf das in Wirk-

lichkeit vorhandene zu versteuernde Einkommen bezieht, ist es vollkommen unerheblich, ob „ein Finanzbeamter in eine gestellte Falle tappt oder nicht“. Die Nichtangabe des Schlechtwettergeldes hat demnach zu einer vorsätzlichen Steuerverkürzung geführt. Folglich hat sich Kuno Kräftig wegen Steuerhinterziehung strafbar gemacht.

77. Verlagerung von Kapitaleinkünften ins Ausland

Rainer Schneider ist hobbymäßig begeisterter Börsianer. Als eifriger Leser einschlägiger Wirtschaftszeitungen und der Fachpresse hat er es inzwischen erfolgreich verstanden, sein Wertpapierdepot immer weiter gewinnbringend auszubauen. Nach Jahren unruhiger Nächte und unsicherer Entwicklungen der Besteuerung von Kapitaleinkünften im Inland beschließt er daher flink, die Anonymität des naheliegenden Auslandes auszunutzen und einen Teil seines Kapitals in die Schweiz zu verlagern. Die Zinsen läßt er sich ebenfalls auf ein in der Schweiz neu gegründetes Konto auszahlen. Da Rainer Schneider inzwischen daneben zu erheblichem Grundbesitz gelangt ist, wagt er es aufgrund des erhöhten Verwaltungsbedarfs nicht, auch seinen Wohnsitz komplett in die Schweiz zu verlagern. Des weiteren will er nicht zu weit weg von seiner Familie sein. Außerdem erachtet er die deutsche Rentenbesteuerung als gerade noch erträglich. Sukzessive baut er demnach Jahr für Jahr sein Inlandskapital ab und legt es in der Schweiz an. Rainer Schneider denkt gar nicht daran, die Kapitaleinnahmen aus dem in der Schweiz angelegten Kapital im Rahmen seiner Einkommensteuererklärung in Deutschland anzugeben. Vielmehr ist er der Meinung: „Die deutsche Besteuerung der Kapitaleinkünfte verletzt mein Eigentumsrecht!“

Fazit:

Das von Rainer Schneider in die Schweiz verlagerte Kapital wirft alljährlich Zinsen ab. Diese unterliegen aufgrund des in Deutschland geltenden Welteinkommensprinzips grundsätzlich der deutschen Besteuerung durch den Fiskus. Daher müssen sämtliche Kapitalerträge im Rahmen der Einkommensteuererklärung angegeben werden. Indem dies durch Rainer Schneider unterlassen wird, erfolgt zwangsweise eine Steuerverkürzung der auf diese ausländischen Kapitalerträge entfallenden deutschen Einkommensteuer. Da Rainer Schneider mit Wissen und Wollen die Angabe im Rahmen seiner deutschen Einkommensteuererklärung unterläßt, handelt er auch vorsätzlich. Somit verwirklicht Rainer Schneider durch die Verkürzung der deutschen Einkommensteuer, die auf die in der Schweiz erzielten Kapitalerträge entfiele, den strafrechtlichen Tatbestand der Steuerhinterziehung. Da er hierbei auch vorsätzlich handelt und weder Rechtfertigungs- noch Schuldausschliessungsgründe vorliegen, ist er auch der Steuerhinterziehung schuldig.

78. Vorsteuerabzug bei nicht korrekter Rechnung bzw. Rechnung mit falschem Adressat

Willy Wurst ist selbständiger Metzger. Da er als Freund des Fleisches seine köstlichen Produkte nicht denjenigen Menschen vorenthalten will, die außerhalb des normalen Einzugsbereichs seiner Metzgerei leben bzw. aus gesundheitlichen Gründen nicht mehr in der Lage sind persönlich bei ihm einkaufen zu kommen, hat er beschlossen, Abhilfe zu schaffen. Bei einem befreundeten Markenhändler um die Ecke erwirbt er einen Lieferwagen zum Aufbau seines Willy-Wurst-Wagen-Lieferservices. Da seine Frau Petra stets sämtliche geschäftliche Dinge abwickelt, wird sie auch mit den Verhandlungen um den neuen Lieferwagen tätig. Im Ergebnis kann sie nach 10 Verhandlungen einen sagenhaften Preis von brutto 30.000 DM erzielen. Bei der Aushändigung des Fahrzeugs nimmt sie die Rechnung entgegen und händigt das Geld dem Verkäufer aus. Zu Hause stellen Willy und Petra Wurst dann fest, daß die Rechnung auf den Namen Petra Wurst lautet und daß der in den 30.000 DM enthaltene Mehrwertsteuerbetrag nicht gesondert ausgewiesen wird. „Das ist mir doch völlig schnuppe!" sagt Willy Wurst. „Bezahlt ist bezahlt!" Dementsprechend setzt Willy Wurst in seiner nächsten Umsatzsteuervoranmeldung den selbst ermittelten Vorsteuerbetrag aus dem Kauf des Lieferwagens als Vorsteuer ab.

Fazit:

Willy Wurst macht in seiner Umsatzsteuervoranmeldung Vorsteuerbeträge aus dem Lieferwagenkauf geltend, obwohl die dem Kauf zugrunde liegende Rechnung nicht den gesetzlichen Vorgaben entspricht: Zum einen ist als Adressat Petra und nicht Willy Wurst angegeben, und zum anderen fehlt es am notwendigen Kriterium des gesonderten Mehrwertsteuerausweises. Nur bei Vorliegen dieser beiden Kriterien ist ein rechtmäßiger Vorsteuerabzug aus dem Kauf des Wagens für den Lieferservice zulässig. Hierdurch kommt es zu einer Umsatzsteuerverkürzung, da unrechtmäßige Vorsteuerbeträge gegengerechnet werden. Ein Vorsatz des Willy Wurst ist zu bejahen, da er um die nicht ordnungsgemäße Rechnung des Händlers weiß. Somit hat sich Willy Wurst wegen Steuerhinterziehung strafbar gemacht. Sollte Willy Wurst noch eine berichtigte Rechnung vorbringen können, so entfiele bereits der Tatbestand der Steuerhinterziehung, sofern dies vor Einreichung der Voranmeldung geschieht.

79. Gesellschafterdarlehen: Verzinsung in jeder Höhe möglich?

Werner Pott ist Gesellschafter-Geschäftsführer der im Ruhrgebiet angesiedelten W. Pott GmbH. Als die Auftragslage einmal schwach ist, gerät die W. Pott GmbH in Liquiditätsschwierigkeiten. Daher erklärt sich Werner Pott als Alleingesellschafter bereit, der W. Pott GmbH ein verzinsliches Darlehen über 50.000 DM zur Verfügung zu stellen. Damit sich dieser Vorgang auch lohnt, vereinbart er als Geschäftsführer der W. Pott GmbH mit sich als Privatperson einen Zinssatz von 15 % jährlich. Durch diese Zinssatzvereinbarung wähnt Werner Pott noch einen weiteren Steuervorteil: Die gezahlten Zinsen wirken sich auf den Gewerbeertrag aus und bewirken somit eine Gewerbesteuerersparnis – so der Plan. Ein bei einem Kreditinstitut aufgenommenes Darlehen hätte einen effektiven Zinssatz von 7,5 % jährlich beansprucht.

Nach genau sechs Monaten erhält Werner Pott von seiner W. Pott GmbH den Darlehensbetrag inklusive der Zinsen in Höhe von 7.500 DM zurück erstattet. Bei der Erstellung der betrieblichen Körperschaftsteuererklärungen wird in Höhe der vollen Zinszahlung die hierdurch erfolgte Gewinnminderung belassen. Dies gilt ebenso für Zwecke der Gewerbesteuer.

Fazit:
Werner Pott hat aufgrund der mit seiner W. Pott GmbH geschlossenen Darlehensvereinbarung einen vollkommen überzogenen Zinssatz von 15 % vereinbart. Ein fremder Geschäftsführer hätte mit der Sorgfalt eines ordentlichen Kaufmannes für die W. Pott GmbH einen normalen Kredit bei einem Institut mit einer üblichen Verzinsung von 7,5 % in Anspruch genommen. Da Werner Pott als alleiniger Gesellschafter-Geschäftsführer offensichtlich zum Zweck der Gewerbesteuerersparnis diese Abrede getroffen hatte, liegt somit in der übersteigenden Zinshöhe von 7,5 % eine verdeckte Gewinnausschüttung vor. Hierdurch ist es zu einer Gewerbesteuerverkürzung gekommen.

Diese erfolgte auch vorsätzlich, da davon ausgegangen werden muß, daß Werner Pott eine Steuerverkürzung wenigstens billigend in Kauf nahm. Somit hat sich Werner Pott als Geschäftsführer der W. Pott GmbH wegen Steuerhinterziehung strafbar gemacht.

80. Mehrfach Aushilfsquittungen unterschreiben

Frank Fesch ist hauptberuflich als Schneiderlehrling tätig. Um jedoch den bestmöglichen Einblick in die wirklichen Wünsche der Menschen zu bekommen, arbeitet er aushilfsweise im Verkauf eines Modehauses. „Kleidung verkaufen inspiriert meine Kreativität!“ so seine Lebensweisheit.

Daher liebt es Frank Fesch „den Menschen an die Wäsche zu gehen“, und ist auch aus dem Betrieb des Modehauses aufgrund seines persönlichen Einsatzes und des damit verbundenen Umsatzes nicht wegzudenken. Schnell hat er aufgrund der üblichen Provisionen den Aushilfshöchstbetrag von 630 DM pro Monat erreicht.

Da das Modehaus die inzwischen feste Größe („Der kriegt auch Ladenhüter weg!“) nicht mehr missen möchte, kommt man auf folgende Idee: Da das Modehaus auch in anderen Städten Deutschlands Filialen unterhält, unterschreibt Frank Fesch neben seiner hiesigen Aushilfsquittung noch eine solche einer anderen Filiale in einer weit entfernten anderen Stadt.

Die von dort erfolgende Auszahlung verrechnen die Modehäuser unter sich intern. So bekommt Frank Fesch vom hiesigen Modehaus seinen Aushilfslohn in bar ausgezahlt, während er vom anderen Modehaus per Überweisung bedient wird.

Als tapferes Schneiderlein sind Frank Fesch die Konsequenzen aus seiner Doppeltätigkeit völlig egal: „Die wissen schon, was sie tun!“

Fazit:
Tatsächlich liegt im Fall Frank Fesch insgesamt betrachtet beim Modehaus ein Zweitarbeitsverhältnis vor. Da die gesetzlichen Rahmenwerte eines Aushilfsverhältnisses eindeutig überschritten werden, muß die Lohnsteuer zwingend nach Maßgabe einer zweiten Lohnsteuerkarte mit

der Steuerklasse VI einbehalten und an das zuständige Finanzamt abgeführt werden.

Dies ist offensichtlich nicht der Fall. Daher kommt es zu einer Steuerverkürzung durch den Arbeitgeber in Höhe der einzubehaltenden und an das Finanzamt abzuführenden Lohnsteuerbeträge.

Die Tatsache, daß Frank Fesch höchstwahrscheinlich bei seiner Haupttätigkeit als Auszubildender im Handwerk eines Schneiders eine sehr niedrige Vergütung erhält, jedoch im Rahmen einer abgegebenen Einkommensteuererklärung sogar alle nach Steuerklasse VI für das Aushilfsverhältnis einbehaltenen Lohnsteuern wieder erstattet würden, bleibt allerdings bei der steuerstrafrechtlichen Betrachtung außen vor.

Somit hat sich das Modehaus wegen vorsätzlicher Steuerhinterziehung strafbar gemacht. Die von Frank Fesch geleistete Unterschrift muß steuerstrafrechtlich mindestens als Beihilfehandlung zur Steuerhinterziehung gewertet werden.

81. Arbeiten auf „Ersatz"-Lohnsteuerkarte – aber nur eine Karte abgeben!

Lars Lahm ist recht erfolgloser Philosophiestudent im 22. Semester. Darüber hinaus ist er durchaus Lebenskünstler: Nachmittags arbeitet er als Schuhverkäufer, und abends kellnert er in seinem Lieblingsbistro.

Da beide Arbeitgeber voneinander nichts wissen, und auch beide die sozialversicherungsrechtlichen Vorteile bei Studenten ausnutzen wollen, fordern sie jeweils Lars Lahm auf, seine Lohnsteuerkarte der Steuerklasse I bei ihnen einzureichen.

Lars Lahm möchte dieser jeweiligen Aufforderung gerne nachkommen, So überlegt er sich kurzerhand, wie er aus der Bredouille nur einer vorhandenen Lohnsteuerkarte mit der Steuerklasse I herauskommen kann. Er geht zum Einwohnermeldeamt und behauptet dort, seine Original-Erstlohnsteuerkarte verloren zu haben. Daraufhin erhält er von dem murrenden Beamten „typisch Studenten" eine Zweitausfertigung der ursprünglichen Lohnsteuerkarte mit dem Zusatz „Ersatz-Lohnsteuerkarte".

Da Lars Lahm nun im Besitz zweier Lohnsteuerkarten mit der jeweiligen Eintragung der Steuerklasse I ist, reicht er seinem Arbeitgeber, dem Schuhverkäufer, die Original-Lohnsteuerkarte und seinem Arbeitgeber, dem Bistro-Inhaber, die Ersatz-Lohnsteuerkarte ein.

Hierdurch wenden beide die Lohnsteuerklasse I mit der Folge an, daß jeweils keine Lohnsteuer anfällt. Auf die Abgabe einer Einkommensteuererklärung verzichtet Lars Lahm lieber. „Was man nicht weiß, macht einen nicht heiß!" Das soll seiner Meinung nach erst recht für Finanzbeamte gelten.

Fazit:
Bei Zweit-Arbeitsverhältnissen ist grundsätzlich eine zweite Lohnsteuerkarte mit der Steuerklasse VI abzugeben. Mit dieser sehr ungünstigen Steuerklasse – da ohne jeglichen „eingebauten" Freibetrag – sind sofort

zwingend vom Arbeitgeber Lohnsteuern nach Maßgabe der Tabelle zur Steuerklasse VI einzubehalten.

Da beide Arbeitgeber nichts voneinander wußten und auch unterstellt werden kann, daß sie selbst nicht vorsätzlich zu einer Verkürzung der einbehaltenen Lohnsteuer bereit waren, scheidet insofern deren Steuerstrafbarkeit aus.

Problematisch könnte hier aber sein, daß Lars Lahm selbst direkt keinen Einfluß auf die einzubehaltene Lohnsteuer hatte, da diese typischerweise vom Arbeitgeber einbehalten und an das Finanzamt abgeführt werden muß. Insofern scheidet für Lars Lahm eine direkte Steuerstrafbarkeit als unmittelbarer Täter mangels direkter Möglichkeit der Einflußnahme aus.

Indem Lars Lahm aber zumindest einen Arbeitgeber auch unbewußt als nichtsahnendes Werkzeug seiner geplanten Lohnsteuerverkürzung benutzt hatte, ist eine Steuerstrafbarkeit des Lars Lahm in mittelbarer Täterschaft zu bejahen. Ein Vorsatz des Lars Lahm kann hier unproblematisch bejaht werden. Somit hat sich Lars Lahm wegen Steuerhinterziehung in mittelbarer Täterschaft strafbar gemacht.

82. Ansatz der Übernachtungskostenpauschalen für das Ausland bei tatsächlicher privater Unterbringung

Ellen Müller ist gelernte Reiseverkehrskauffrau und dadurch in ihrem Beruf viel und auch gerne an sämtlichen Reiseorten der Welt anzutreffen. Selbstverständlich sind ihre Geschäftsreisen rein beruflicher Natur. Sie soll kontrollieren, ob sich die Hotels vor Ort auch an die tatsächlich abgesprochene Angebotspalette halten. Des weiteren soll sie bei teureren Veranstaltungen Kritik und Anregungen der Gäste in Empfang nehmen und in schwierigen Fällen für Lösungen vor Ort sorgen.

Da Ellen Müller bereits seit 20 Jahren im „business" ist, hat sie inzwischen überall auf der Welt Freunde gewonnen, die zum Teil tödlich beleidigt wären, wenn sie sich nicht als deren Gast einquartieren würde. Von ihrem Arbeitgeber bekommt sie pro Auslandstag einen für Verpflegung und Unterbringung insgesamt bestimmten Satz von 100 DM.

Daher fällt es Ellen Müller nicht schwer, auf die Angebote ihrer Freunde überall im Ausland gerne zurückzukommen, um anhand der Reisekostenerstattungen in Höhe der gesparten Übernachtungskosten Überschüsse zu erzielen. Im Rahmen ihrer jährlichen Einkommensteuererklärung gibt sie zwar die für jeden Tag im Ausland erhaltenen 100 DM an, will aber nicht auf den Vorteil, der sich durch eine kostenlose Unterbringung ergeben hat, verzichten.

Kurzerhand entschließt sie sich somit, für jede Übernachtung die dem jeweiligen Land entsprechende Pauschale für Übernachtungskosten anzusetzen. Es ist ihr hierbei völlig egal, daß sie teilweise überhaupt gar keine Aufwendungen hatte, denn im Regelfall liegt die Summe von Verpflegungs- und Übernachtungspauschale weit über der mit dem Arbeitgeber vereinbarten Erstattung pro Auslandsaufenthaltstag inklusive Übernachtung von 100 DM.

Fazit:
Ellen Müller macht hinsichtlich ihrer Auslandsaufenthalte unzutreffende Angaben: Sie setzt auch für Übernachtungen bei Freunden die für das

jeweilige Ausland geltende Übernachtungskostenpauschale an. Hierdurch kommt es zu einer Steuerverkürzung. Ellen Müller handelt hierbei auch vorsätzlich. Somit hat sie sich hinsichtlich der verkürzten Einkommensteuer wegen Steuerhinterziehung strafbar gemacht.

83. Falsche Verpflegungspauschalen aufgrund falscher Zeitaufzeichnungen

Thomas Tempo ist als Außendienstmitarbeiter einer großen Gesellschaft viel unterwegs. Er verbringt viele Nächte pro Jahr im Hotel und hat deswegen laufend Spesenabrechnungen zu erstellen, die er berufsüblich im Stau auf den nervenaufreibenden Autobahnen erstellt.

Als zusätzlichen Ausgleich zum normalen Gehalt hat Thomas Tempo daher mit seinem Arbeitgeber, der Überall-GmbH, vereinbart, daß er es bei den Spesenabrechnungen nicht so genau zu nehmen braucht. Daher hat er sich angewöhnt, bei jeglicher Pauschale für Verpflegungsmehraufwendungen immer auf die nächsthöhere Pauschale aufzurunden, indem er falsche Zeitaufzeichnungen führt. Über das Jahr gerechnet führt dies zu einer ungerechtfertigten Mehrerstattung in Höhe von 3.000 DM.

Selbstverständlich erstattet der Arbeitgeber Überall-GmbH an seinen Außendienstmitarbeiter Thomas Tempo sämtliche Reisekostenvergütungen steuerfrei. In seiner alljährlichen Steuererklärung läßt Thomas Tempo es beim Werbungskostenansatz durch den Arbeitnehmerfreibetrag bewenden. Er verzichtet auf einen Einzelnachweis.

Fazit:
Indem Thomas Tempo falsche Aufzeichnungen hinsichtlich der Länge der Abwesenheit führt und dafür zu hohe Verpflegungspauschalen erhält, könnte ein Fall der Steuerhinterziehung gegeben sein.

Angemessen ist nur eine steuerfreie Erstattung der Verpflegungsmehraufwendungen in zutreffender Höhe. Der darüber hinausgehende unzutreffende Teil, der vorliegend 3.000 DM beträgt, stellt wegen der Absprache mit dem Arbeitgeber grundsätzlich lohnsteuerpflichtigen Arbeitslohn dar. Somit verkürzen Arbeitgeber Überall-GmbH und Arbeitnehmer Thomas Tempo gemeinschaftlich und vorsätzlich im Laufe des gesamten Jahres die auf die insgesamt steuerpflichtigen 3.000 DM entfallende Lohnsteuer.

Des weiteren beläßt Thomas Tempo im Rahmen seiner persönlichen Einkommensteuererklärung den durch das ganze Jahr hindurch geführten Falschansatz, wodurch es auch insofern zu einer Steuerverkürzung an festzusetzender Einkommensteuer kommt. Auch hierdurch macht sich Thomas Tempo wegen vorsätzlich begangener Steuerhinterziehung strafbar.

Beide Delikte stehen steuerstrafrechtlich eigenständig nebeneinander und sind daher auch einzeln zu sanktionieren.

84. Vereinnahmte Schmiergelder sind doch nicht steuerpflichtig, oder ?

„Man muß nur die richtige Position innehaben!" sprach der Nachtwächter Kurt Schnarch eines privaten Sicherungsunternehmes und verriet dem in einschlägigen Kreisen bekannten Peter Knacker, wie er denn die Alarmanlage der Luxusvilla von Dagobert Knauserig zentral ausschalten kann. „Für den Tip" bekam er einen kleinen und risikofreien Anteil an der erhofften fetten Beute, nämlich 1.000 DM BAT (bar auf Tatze)! Das Geld benötigte er dringend für sein schon seit zwanzig Jahren bestehendes Hobby: Pferdewetten. Bereits öfters hatte er so sein Gehalt mit kleinen Tips ein wenig aufbessern können, was seine Laune immens in die Höhe steigen ließ: „Die sind doch sowieso alle versichert – was ist also dabei?" Gerne rechtfertigte er sich auch damit, daß die „Versicherungen alle zuviel Geld haben – man braucht sich ja bloß mal die Hochhäuser anschauen!"

Konsequenterweise hielt er ebensowenig von Finanzämtern und deren Aufgaben. Dennoch kannte er auch die guten Seiten: Jedes Jahr „machte ihm ein Freund seine Steuern", so daß er immer noch ein paar Mark an Steuererstattungen alljährlich erhalten hatte. Wie nicht anders zu erwarten, wurden die Schmiergelder selbstverständlich nicht erklärt. Schließlich sollten ja „die, die sich Versicherungen leisten können, auch für die Steuern aufkommen!" Dies empfand Kurt Schnarch als innere Gerechtigkeit.

Fazit:
An dieser Stelle soll nur auf die steuerstrafrechtliche Würdigung eingegangen werden: Durch die Annahme der 1.000 DM als Gegenleistung für den Tip zum Ausschalten der Alarmanlage hat sich Kurt Schnarch von dem Einbrecher Peter Knacker bestechen lassen. Grundsätzlich muß jede Einnahme gegenüber dem Finanzamt erklärt werden. Hierzu gehören folglich auch gerade solche aus Bestechungsgeldern, da sie als sonstige Einkünfte einkommensteuerpflichtig sind. Unter Einnahmen sind auch hier alle Güter in Geld und Geldeswert zu erfassen, worunter

die erlangten 1.000 DM ebenso fallen, wie z.B. ein direkter Anteil an der Beute in Form von Schmuck oder dergleichen.

Das Steuerrecht macht generell nicht vor rechtswidrig erlangten Vorteilen halt. Andernfalls würde es denjenigen, der für eine rechtswidrige Tätigkeit entlohnt wird, sogar noch begünstigen und von Abgabenzwängen befreien. Somit hat der Nachtwächter Kurt Schnarch durch die Nichtangabe der zugewandten 1.000 DM seine Einkommensteuerschuld verkürzt. Indem er sich über die mögliche Steuerpflicht im klaren war, handelte er diesbezüglich vorsätzlich, so daß er sich wegen Steuerhinterziehung strafbar gemacht hat.

85. Goldene Uhr für Treue zum Vertragspartner

„Treue zu den Vertragspartnern schafft Freunde!“ Getreu nach diesem Ideal verfuhr seit Jahren Erwin Ehrlich, seines Zeichens für den Büromaterialeinkauf bei einem großen Konzern zuständig.

Und bei der Auswahl der Produkte ging er strikt nach dem Grad der Sympathie der jeweiligen Vertreter und natürlich auch nach deren jeweiligen Aufmerksamkeiten so rund um die Weihnachtszeit vor. „Man muß ja auch mal fünfe gerade sein lassen können!“

So war ihm besonders eine Belieferungsfirma für Papier aufgrund des sehr netten und qualifizierten Vertreters schon seit Jahren ans Herz gewachsen. Brachte der Vertreter Fred Fuchs so gegen Ende November bei der Besprechung der geplanten Bestellmenge in angenehmer Atmosphäre für das kommende Jahr immer nette Aufmerksamkeiten wie zum Beispiel Computerspiele für die Kinder oder ähnliche Dinge mit.

Dieses Mal war der Vertreter Fred Fuchs sogar noch freundlicher. Beim alljährlichen Auftragsbesprechungsessen im standesgemäßen Nobelrestaurant überreichte er dem Erwin Ehrlich „für bereits erfolgreiche fünfjährige und hoffentlich noch zukünftige mindestens fünfjährige Zusammenarbeit“ eine goldene Uhr im Wert von 5.000 DM.

Zwar etwas verlegen aber dennoch mit vor Dank strahlenden Augen nahm Erwin Ehrlich die Uhr voller Stolz entgegen – traf er doch endlich mal auf einen Menschen, der seine Qualitäten zu schätzen wußte.
Im Rahmen seiner Einkommensteuererklärung ließ er die Uhr wohlwissend unerwähnt, wollte er doch nicht als bestechlich gegenüber dem Finanzamt dastehen. „Wie sollen die vom Finanzamt das mit der Uhr überhaupt je erfahren?“

Das Finanzamt wußte jedoch schon Bescheid. Hatte doch kurz zuvor eine Betriebsprüfung bei dem Lieferanten stattgefunden und war dort die goldene Uhr vollumfänglich unter Hinweis auf den Empfänger als Betriebsausgabe abgesetzt worden.

Fazit:
Durch die Annahme der goldenen Uhr im Wert von 5.000 DM, was die Grenze einer Aufmerksamkeit eindeutig übersteigt, hat sich Erwin Ehrlich von Fred Fuchs bestechen lassen. Die Strafbarkeit dieser Annahme kann allerdings für die Prüfung der steuerstrafrechtlichen Tatbestände dahinstehen.

Grundsätzlich muß jede Einnahme gegenüber dem Finanzamt erklärt werden. Hierzu gehören folglich auch gerade solche aus Bestechungsgeldern, da sie als sonstige Einkünfte einkommensteuerpflichtig sind. Unter Einnahmen sind auch neben Bargeld alle Güter in Geldeswert zu erfassen, worunter eine goldene Uhr im Wert von 5.000 DM durchaus fällt.

Folglich hat Erwin Ehrlich durch die Nichtangabe der zugewandten Uhr seine Einkommensteuerschuld verkürzt. Indem er nicht als bestechlich dastehen wollte und eine Angabe unterließ, handelte er auch vorsätzlich, so daß er sich wegen Steuerhinterziehung strafbar gemacht hat.

Rechtfertigungs- oder Schuldausschließungsgründe sind nicht ersichtlich.

86. Nachbarschaftshilfe ist keine Schwarzarbeit?

„Nachbarschaftshilfe – das ist doch keine Schwarzarbeit!“ lautet das lukrative Lebensmotto von Toni Polier. Seit zwanzig Jahren arbeitete Toni bereits in der Baubranche und hat „schon so manchen Kasten mit hochgezogen!“

So geschah es wieder neulich: Toni Polier wurde von seinem Nachbarn Justus Neugier gebeten, „mal eben beim Bau des Wintergartens das Gerüst festzuhalten!“ Da Toni Polier von Natur aus ein sehr hilfsbereiter Mensch war und sowieso nicht die Erfindung der fünf-Tage-Woche befürwortete, konnte er auf die höfliche Frage nicht widersprechen und ging an einem Sonnabend „mal eben bis zum Mittagessen“ mit.

Vor Ort entpuppte sich dann der Nachbar Justus Neugier schon als unfähig, den Beton anzumischen, so daß Toni Polier („alles muß man selber machen!“) nicht nur den Samstag, sondern auch die kommenden kompletten fünf Wochenenden von morgens bis abends mit anpackte, „damit wir bis zum Winter fertig werden!“ Schließlich war es ja schon Juli.

Als „Dankeschön“ für den unermüdlichen vorbildlichen Einsatz des Toni Poliers bestand Justus Neugier darauf, daß Toni unbedingt 2.000 DM annehmen sollte: „Da fährst Du mal mit Deiner Familie am Wochenende an die See von!“

So geschah es dann auch. Im Zusammenhang mit der Abgabe der betreffenden Einkommensteuererklärung dachte Toni Polier: „Da ich das Geld in meiner Freizeit für harte Hilfe am Bau eines Nachbarn bekommen habe, geht das doch das Finanzamt bestimmt nichts an. Ansonsten hat es eben Pech gehabt!“

Daraufhin gab Toni Polier wie jedes Jahr seine Einkommensteuererklärung ohne die Angabe von „Geldern für Nachbarschaftshilfe“ beim Finanzamt ab. Sogar eine Anfrage des zuständigen Finanzbeamten Ulrich Eifrig über Nebeneinkünfte verneinte er. Hatte der Finanzbeamte sich doch beim zufälligen Blick auf den Amtsparkplatz über den etwas außergewöhnlich zu begründenden Zusammenhang zwischen Tätigkeit und Größe des Pkw des Toni Poliers gewundert.

Als die Antwort auf die Frage zu den Nebeneinkünften jeglichen Nebenerwerb ablehnte, leitete der Finanzbeamte Ulrich Eifrig „vorsorglich" mal ein Steuerstrafverfahren ein.

Fazit:
Durch die Nichtangabe der Einnahmen aus der „Nachbarschaftshilfe" hat Toni Polier die hierauf entfallenden Einkommensteuern verkürzt.

Sein Einwand ist erfolglos: Im Gegenteil müssen gegenüber dem Finanzamt alle Einkünfte ausnahmslos offengelegt werden. Wird dies unterlassen, ist eine Steuerhinterziehung nicht mehr weit.

Toni Polier hat es zumindest billigend in Kauf genommen, daß durch die Nichtangabe Steuern verkürzt werden könnten. Somit erfüllt er die schwächste Form des Vorsatzes allemal.

Somit hat sich Toni Polier wegen Steuerhinterziehung strafbar gemacht.

87. Umsatzsteuer auf den Eigenverbrauch als Betriebsausgabe absetzen

Einen Pkw als „Geschäftswagen“ wollte Hermann Honig schon immer mal haben. Hatte er doch nunmehr schon nach zwei Jahren nach der erfolgreichen Beendigung seines Studiums der Betriebswirtschaftslehre und einer überaus engagierten Tätigkeit als Angestellter den Sprung in die Selbständigkeit als Unternehmensberater gewagt.

Um als selbsternannter Unternehmensberater die technischen Anforderungen der Zeit erfüllen zu können, kaufte deshalb Hermann Honig als erste Handlung und Dokumentation seiner Tätigkeit mit Hilfe eines ihm von einer öffentlichen Einrichtung gewährten Existengründungsdarlehens einen „Geschäftswagen“. Der Wagen glich allerdings aufgrund der gewünschten telekommunikativen Sondereinbauten mehr einem rollenden Büro. Aufgrund der bei amerikanischen Wagen bekannten großzügigen Bauart eignete sich der Wagen für Hermann Honig auch geradezu optimal für den alljährlichen Spanienurlaub mit der Ehefrau und den drei Töchtern, da sogar alle aufblasbaren Wasserspielzeuge auf dem Weg vom Meer zum Hotel mitgenommen werden konnten, ohne daß man sie jeden Tag erst aufblasen und dann für Zwecke des Transports die Luft wieder ablassen mußte.

So wurde der „Geschäftswagen“ also auch von Hermann Honig privat benutzt. Zur Abgrenzung dieser Privatfahrten entschied er sich für die Anwendung der 1 %-Regelung.

Im Rahmen der von ihm quartalsmäßig eingereichten Umsatzsteuervoranmeldungen berücksichtigte er die anfallende Umsatzsteuer auch zutreffend. Des weiteren verbuchte Hermann Honig die an das Finanzamt insgesamt zu zahlende Umsatzsteuer im Rahmen der laufenden Buchführung aus Vereinfachungsgründen komplett als Betriebsausgabe.

Daß die Umsatzsteuer auf seine private Nutzung des Geschäftswagens als solche nicht betrieblich veranlaßt und damit keine den Gewinn mindernde Betriebsausgabe sein kann, wußte Hermann Honig noch aus seiner Vorlesungszeit als BWL-Student. Dennoch beließ er die vorgenommenen Buchungen und nahm keine Gewinnkorrektur vor: „Soll das doch der Betriebsprüfer machen!“ dachte er.

Fazit:
Hermann Honig macht bewußt falsche Angaben bei der Erstellung seiner Gewinnermittlung: Er versäumt es absichtlich, den Gewinn seines Einzelunternehmens um die auf seine private Pkw-Nutzung entfallende Umsatzsteuer, die im Rahmen der laufenden Buchführung Gewinn mindernd erfaßt worden war, wieder zutreffend zu erhöhen.

Indem er so seine Falschbuchungen in den Zuständigkeitsbereich der finanzamtlichen Betriebsprüfung verschiebt, nimmt er vorsätzlich in Kauf, eine falsche Gewinnermittlung beim Finanzamt einzureichen.

Sollte das Finanzamt den falschen Angaben des Hermann Honig im Rahmen der Steuerfestsetzung folgen, liegt eine strafbare Steuerhinterziehung in Höhe der auf die nicht erfolgte Gewinnkorrektur verkürzten Einkommensteuern und Nebensteuern vor.

88. Bei Bilanzierung Kosten über den Jahreswechsel abgrenzen – wozu?

„Der Umgang mit einer Ein-Mann-GmbH ist gar nicht so einfach. Zur Gründung muß man zum Notar, auf einmal ist man Angestellter, und der Jahresabschluß ist selbst bei dreimarkfuffzig Umsatz eine Bilanz!" sprach der Geschäftsführer seiner eigenen GmbH Felix Unisono.

Da glaubte er mit der Gründung einer GmbH die Lösung für sein Leben gefunden zu haben, um als Anlageberater nachts gut schlafen zu können. Denn schließlich ist ja bekanntlich auf nichts mehr Verlaß – und noch weniger auf die Börsenentwicklungen!

Wenn Felix Unisono von dreimarkfuffzig sprach, war in dessen Zahlenwelt flink mit 100.000 zu multiplizieren, um die richtigen Ergebnisse des vorläufigen Jahresgewinns vor Beginn der Jahresabschlußarbeiten zu erhalten. Dieses vorläufige Ergebnis sah also ganz danach aus, als müßte die erfolgreiche Felix Unisono Anlageberatungsgesellschaft mbH eine Menge Steuern zahlen.

Im Rahmen der Jahresabschlußarbeiten gelangte der steuerlich versierte Felix Unisono zu der Position der bereits im Geschäftsjahr gezahlten Versicherungsbeiträge für den Fuhrpark der GmbH. Um möglichst günstige Prämien zu zahlen, hatte er mit den Versicherungen vereinbart, stets in einer Summe für ein Jahr im voraus den Versicherungsschutz zu erkaufen.

So stand Felix Unisono vor der Frage, in welchem Umfang denn die Versicherungsprämien, die sich über das Geschäftsjahr hinaus beliefen und bereits vollständig gewinnmindernd verbucht worden waren, wieder aufzulösen seien. „Denn schließlich ist ja nur der Anteil eine gewinnmindernde Betriebsausgabe, der auch in das jeweilige Geschäftsjahr wirtschaftlich gehört!" fiel ihm wieder ein.

Schließlich wollte er aber mit den alljährlichen Abschlußarbeiten zum Ende gelangen, und unterließ absichtlich die gewinnerhöhende Auflösung von insgesamt 5.000 DM Versicherungsprämien.

Fazit:
Durch die nicht erfolgte wirtschaftliche Zurechnung der gezahlten Versicherungsprämien in das jeweilige Geschäftsjahr und damit in den zugehörigen Veranlagungszeitraum kommt es im Jahr der Zahlung der Prämie aufgrund der zu hohen Gewinnminderung zu einer Steuerverkürzung und im Folgejahr zu einer Steuermehrerhebung.

Dennoch ist im Steuerstrafrecht eine Saldierung der Steuerverkürzung mit der Steuermehrerhebung unzulässig. Auch wenn „unterm Strich" dieselbe Steuerzahllast besteht, liegt trotzdem eine Steuerhinterziehung im Verkürzungsjahr vor.

Als einziger Geschäftsführer einer Kapitalgesellschaft und damit als Vertretungsorgan der Gesellschaft hat sich Felix Unisono wegen vorsätzlich begangener Steuerhinterziehung strafbar gemacht. Denn schließlich kann eine GmbH nicht ins Gefängnis gehen! Umgekehrt können deshalb die für sie handelnden Geschäftsführer auch nicht straffrei ausgehen!

89. Ansparabschreibung ohne Investitionsabsicht

Friseurmeister Edgar Allen hat genug „für andere gebuckelt!“ Edgar Allen eröffnet daher einen eigenen Frisiersalon, denn das goldene Handwerk der Frisierkunst wird ja schließlich – wie er findet – „bedingt durch die natürliche Eitelkeit des Menschen“ stets benötigt.

So beginnt er Anfang letzten Jahres in einer Seitenstraße in Köln, sein Handwerk feilzubieten. Bereits nach kurzer Zeit hat er aufgrund seines Könnens und seiner außergewöhnlichen Begabung, auf die Wünsche der Kunden einzugehen, bereits einen so großen Kundenstamm, daß er seine „Frisierboutique Edgar“ bis zum Ende des Eröffnungsjahres komplett mit allem, was das Friseurherz begehrt, eingerichtet und ausgestattet hat.

Edgar ist inzwischen sogar in der einschlägigen Ortsliteratur zum Trendfriseur gekürt worden, so daß sein Terminkalender fast immer voll ist und seine Preise sich verdreifacht haben.

Beim großen Kassensturz am Jahresende kann er freudig feststellen, daß er trotz seiner abgeschlossenen Investitionen einen voraussichtlichen Gewinn von 30.000 DM erzielt hat.

Da Edgar aber von Grund auf im Eröffnungsjahr jeden Morgen vor Geschäftseröffnung ehrlich die Tageseinnahmen des Vortages zur Bank getragen hat, sieht er keine Möglichkeiten mehr, die Einnahmeseite seines Gewerbes zu „beeinflussen“, um keine Steuern zahlen zu müssen. Außerdem will er ja gar nicht seinen Gewinn überhaupt nicht versteuern müssen, sondern halt nur nicht sofort! Erst mal will er etwas von der Welt sehen – nach all dem Weihnachts- und Silvesterstreß – und nicht an Haare denken müssen. Innerlich ist er durchaus bereit, den erzielten Gewinn einmal später zu versteuern.

Daher bildet er in seiner Einnahme-Überschußrechnung eine Position „Ansparabschreibung“ und behauptet in einer Auflistung, im Folgejahr 30.000 DM in die Erweiterung seines Geschäfts an neuen beweglichen

Wirtschaftsgütern für einen Designer-Warteraum zu investieren. Daher setzt er die Hälfte hiervon als Betriebsausgaben ab. In Wirklichkeit denkt er nicht im Traum daran, „die Launen eines Angestellten ertragen zu müssen“ und will dementsprechend auch nicht sein Geschäft erweitern. Lieber will er in Zukunft die Preise so hoch setzen, daß er bei gleichem Umsatz mindestens einen Tag weniger die Woche arbeiten muß!

Fazit:
Die Bildung einer Ansparabschreibung setzt die ernsthafte Absicht eines Existenzgründers voraus, eine Investition in der Folgezeit vorzuhaben. Hiervon ist beim Friseurmeister Edgar nicht auszugehen, da er seinen Geschäftsbetrieb bereits vollständig eingerichtet und ausgestattet hat. Zu seinen Gunsten ist zumindest zu unterstellen, daß auch Investitionen in der Gesamthöhe möglicherweise tatsächlich nicht anfallen werden.

Edgar Allen ist sich darüber vollkommen im klaren, daß er die Rücklage nur zum Zweck der Steuerverschiebung gebildet hat. Schließlich weiß er, daß im Fall der Nichtinvestition eine einst gebildete Rücklage bei Existenzgründern spätestens im fünften Jahr nach Bildung gewinnerhöhend aufgelöst werden muß.

Somit nimmt er eine Begünstigung für Existenzgründer in Anspruch, ohne tatsächlich die notwendige Investitionsabsicht zu haben. Hierdurch kommt es zu einer strafbaren Steuerverkürzung im Gründungsjahr. Der Wille der späteren Versteuerung hindert dies nicht.

90. Pkw-Privatnutzung mit 1%-Regel mit Ansatz des Kaufpreises

Volker Werk arbeitet als selbständiger Vertreter für Staubsauger aller möglichen Hersteller in Baden-Württemberg. Nach seiner umsatzbedingten Eigenbeförderung zum „Gebietsleiter BW“ beschließt er, daß – Umweltschutz hin und Umweltschutz her – nunmehr der gute alte Drahtesel und die Bahncard nicht mehr seiner von nun an bestehenden erhöhten Mobilität genügen – und ist sogar, noch vom Beförderungsrausch benebelt, überzeugt, daß er einen Pkw sowieso braucht, um den Globalisierungsgedanken der heutigen Zeit innerhalb seiner Branche von ihm standes- und auch zeitgemäß voranzubringen.

Gesagt getan stürzt er sich auf seinen Drahtesel und macht sich auf den Weg zum nächsten Autohaus. Dort erwirbt er einen drei Jahre alten Kombi mit einer Laufleistung von 100.000 km für 30.000 DM („Des ischt aber ginschtig!“), in den alle Vorführgeräte der gesamten Kollektion passen sollen bzw. zunächst auf dem Weg vom Händler ins Büro sein Fahrrad aber natürlich auch seine Familie auf dem Weg zu den Schwiegereltern auf der schwäbischen Alp.

Unterwegs vom Händler zum Büro macht er noch einen kurzen Halt bei einem Schulfreund, der seines Zeichens Steuerberater ist, um sich gratis zu erkundigen, wie es denn von nun an um diese lästige Seite der Besteuerung bestellt ist. Schließlich weiß Volker, daß er ja den Kombi nicht nur beruflich nutzen wird. „Für die private Nutzung muß grundsätzlich 1 % des Bruttolistenpreises pro Monat versteuert werden!“ erhält Volker als Antwort. „Du willst ja bestimmt kein Fahrtenbuch führen wollen.“

Auf dem Weg ins Büro denkt er über die teuren Worte seines Schulfreundes nach und kommt zu dem Schluß, daß dieser Betrag für die Eigennutzung wohl ein wenig zu hoch sei – zumal er ja sowieso einen gebrauchten Pkw und keinen Neuwagen erworben hat. „Wieso soll ich dann überhaupt den Bruttolistenpreis eines Neuwagens ansetzen?“ denkt er und wähnt sich mit sich und dem Fiskus in Frieden. „Und überhaupt – ein Fahrtenbuch führen! Ich bin doch kein Chauffeur!!!“

Daher setzt Volker Werk in seinen Steuererklärungen als Bemessungsgrundlage der 1 %-Regelung statt des Bruttolistenpreises den tatsächlich gezahlten Kaufpreis an, der ca. der Hälfte entspricht. Diesen Ansatz setzt er von der Einkommensteuererklärung konsequenterweise in der Umsatzsteuererklärung fort.

Fazit:
Volker Werk hat wider besseren Wissens absichtlich in seiner Einkommen- und Umsatzsteuererklärung falsche Angaben bezüglich der Bemessungsgrundlage des von ihm auch durchaus zu privaten Zwecken genutzten Pkws gemacht.

Hierdurch kommt es zu einer Verkürzung von Einkommen- und auch Umsatzsteuerbeträgen. Indem Volker Werk sich vorher sogar bei einem Steuerberater wegen der zutreffenden steuerlichen Behandlung erkundigt hat, scheidet eine Fahrlässigkeit der von ihm in seinen Steuererklärungen gemachten Angaben von vornherein aus. Vorsatz liegt also vor.

Daher hat sich Volker Werk wegen Steuerhinterziehung strafbar gemacht.

91. Statt der Pauschalbesteuerung von Aushilfen einfach mal Reisekosten erstatten

Arno Aushilfe arbeitet trotz der geringen Vergütung als nebenberuflicher Pizza-Aushilfsfahrer mit eigenem Pkw für 10 DM pro Stunde plus Kilometergeld doch eigentlich ganz schön fleißig – empfindet zumindest sein Chef Salvatore. Selbst eine große Auslieferungstour bewältigt Arno innerhalb von einer halben Stunde. Die anderen Fahrer brauchen wesentlich länger, weshalb es schon mal zu Beschwerden kommen kann: Es habe zu lange gedauert, die Pizza sei schon kalt oder ähnliche Belobigungen seines „Pronto Salvatore – Pizza noch garantiert heiß und fettig – Auslieferungsservice".

Schon deshalb ist es ja eigentlich schade, daß endlich ein guter Fahrer wie es Arno nun mal zweifelsohne ist, nur in einem zeitlich so begrenzten Aushilfsverhältnisses für Salvatore ausliefern kann. Aber was soll er machen? Nur bis zu 630 DM pro Monat ist die Beschäftigung als derzeit sozialversicherungsfreie Aushilfe möglich. Mehr darf Salvatore dem Arno pro Monat einfach nicht auszahlen, um nicht aus dieser Begünstigung zu fallen. Und so müßte Arno eigentlich immer bereits nach drei Wochen Aushilfsfahrerei bis zum Beginn des neuen Monats warten, um wieder arbeiten zu dürfen.

Aber der findige Salvatore hat eine Idee: Statt auf die wirklich gute Arbeit des Aushilfsfahrers Arno, der als Hobby Go-Kart-Rennen fährt, zu verzichten, rechnet er dessen über die betragsmäßige Höchstgrenze anfallenden Stunden einfach zusätzlich zum tatsächlich angefallenen in Kilometergeld um!

So erhält Arno auf seinem Kontoauszug für Februar den Ausdruck: „Aushilfsfahrerlohn: 630 DM Kilometergeld: 1.040 DM insgesamt 1.670 DM". Salvatore rechnet also 2.000 km zu 0,52 DM ab, obwohl von Arno tatsächlich nur 1.700 km gefahren wurden. Durch den Ansatz der weiteren 300 km deckt Salvatore im Einverständnis mit Arno 15 über die zulässige Höchstgrenze hinaus geleistete Stunden mit ab.

Fazit:
Indem Salvatore vorgibt, bei Arno handle es sich um einen Aushilfsfahrer, auf den die Pauschalbesteuerung anzuwenden sei, machen sich beide wegen vorsätzlich begangener Steuerhinterziehung gemeinschaftlich strafbar:

Übersteigt der Umfang der Nebentätigkeit den begünstigten Rahmen der Pauschalbesteuerung von 630 DM, so muß zwingend bei einem ansonsten schon tätigen Arbeitnehmer die Lohnsteuer nach Maßgabe der zweiten Lohnsteuerkarte, die im Regelfall auf die ungünstige Steuerklasse IV ausgestellt wird, einbehalten und abgeführt werden.

Daneben entstehen auch noch die weiteren sozialversicherungsrechtlichen Ansprüche der Sozialträger aus einem „normalen" zweiten Arbeitsverhältnis, das kein Aushilfsarbeitsverhältnis ist.

Indem die zulässige Erstattung von Kilometergeld an Arbeitnehmer immer steuerfrei zu erfolgen hat, liegt des weiteren hinsichtlich der erstatteten 300 km x 0,52 DM = 162 DM ebenfalls in Höhe der hierauf entfallenden Lohnsteuer eine Steuerhinterziehung vor, die von Salvatore und Arno gemeinschaftlich begangen wurde.

92. Keine Gegenrechnung erstatteter Krankheitskosten bei den außergewöhnlichen Belastungen

Karl Rank ist vor stolz ganz außer sich: Hat er doch im Ratgeber Lohnsteuer 1998 entdeckt, daß er auf dem Mantelbogen seiner Einkommensteuererklärung 1998 außergewöhnliche Belastungen geltend machen kann, wozu ja auch Krankheitskosten, Kurkosten und Aufwendungen für seine neue Lesebrille (Modell Gringo) gehören.

Sobald er seine Lohnsteuerkarte 1998 ausgehändigt bekommt, füllt er seine Einkommensteuererklärung 1998 aus und setzt dabei unter Beifügung der kopierten und vollständigen Belege folgendes an:

Krankheitskosten (Selbstbehalte): 1.200 DM

Kurkosten: 3.000 DM

Brille: 1.500 DM

In der Spalte zu den Erstattungen von der Krankenkasse trägt er nichts ein, denn schließlich hat er ja aufgrund seines bereits drei Wochen alten Erstattungsantrags noch nichts erhalten, womit er aber auch nicht mehr rechnet, denn tagtäglich steht in der Presse, daß wegen der Gesundheitsreform überall gekürzt wird. „Keine Antwort ist auch eine Antwort" denkt er.

Nachdem er die Steuererklärung am kommenden Wochenende in Reinschrift verfaßt hat, will er sie persönlich beim Finanzamt einwerfen fahren. Auf dem Rückweg holt er sich bei seiner Bank noch schnell einen Kontoauszug, woraufhin er feststellt, daß die Versicherung ihm doch wider erwartend einen Betrag von 1.700 DM erstattet hat. So beschließt er, diesen Betrag dem Finanzamt als Berichtigung mitzuteilen, was er jedoch noch bis nach Bescheiderhalt aus purer Faulheit unterläßt. Im Gegenteil, er freut sich über die höchste Erstattung seit Jahren und denkt gar nicht mehr daran, „dat schöne Jeld" zurückzuzahlen. „Sind die doch selbst schuld, wenn die nicht nachfragen!" sagt er am Stammtisch.

Fazit:
Karl Rank reicht zuerst beim Finanzamt eine fehlerhafte Steuererklärung ein, in der die Erstattungen der Krankenkasse fehlen. Da er sich dieser Fehlerhaftigkeit im Zeitpunkt der Abgabe nicht bewußt ist, scheidet hier schon eine Steuerhinterziehung mangels Vorsatzes aus, zumal er wirklich nicht mit einer Erstattung seitens der Krankenkasse rechnet. In Betracht käme diesbezüglich eine Steuerordnungswidrigkeit, denn Karl Rank hätte mit der Abgabe entweder noch warten oder aber mindestens bei der Versicherung nachfragen können, um Rechtssicherheit zu erlangen.

Anders könnte es jedoch ab dem Zeitpunkt der Kenntnisnahme der Erstattung aussehen. Indem Karl Rank jedoch zunächst vor hat, unverzüglich eine Mitteilung zur Berichtigung an das Finanzamt zu schicken, hätte diese Berichtigungsanzeige die Strafbarkeit auch wegen Versuchs der Steuerhinterziehung sofort ausgeschlossen.

Spätestens im Zeitpunkt des Bescheiderhalts und dem endgültigen Entschluß, die Erstattung behalten zu wollen, hat sich Karl Rank jedoch wegen Steuerhinterziehung der auf die Nichtangabe der Erstattung durch die Krankenkasse beruhenden Steuererstattung strafbar gemacht.

93. Erbschaftsteuer: Keine Angabe der Schenkungen der letzten 10 Jahre

Emil Enkel ist noch völlig entsetzt: Kaum ist seine Oma gestorben, kommt auch schon der Fiskus mit einem Brief ins Haus geflattert und verlangt die Abgabe einer Erbschaftsteuererklärung. Ist er doch schließlich als der einzige und auch noch verwaiste Lieblingsenkel neben dem Tierschutzverein testamentarisch als der einzige verwandte Erbe eingesetzt und zu 3/4 erbberechtigt. Jetzt soll er also nicht nur den Tierschutzverein auszahlen, nein – der Staat hält also auch schon erwartungsvoll die Hand auf!

Und das alles jetzt – obwohl Oma und er die letzten 9 Jahre so gut miteinander verbracht haben. Was wird er seine Oma vermissen: Zum Abitur schenkte sie ihm den neuen Wagen im Wert von 30.000 DM, der jetzt immerhin auch schon ersetzt werden müßte, zum Vordiplom 15.000 DM zur freien Verfügung und zum Diplom gab es dann 100.000 DM als Anzahlung für die eigene Wohnung, die er jetzt bald kaufen wollte. Und jetzt soll er in der Erbschaftsteuererklärung das gesamte Vermögen von seiner Oma im Todeszeitpunkt, immerhin ca. 600.000 DM, angeben.

Da erinnert er sich: Die Bank muß dem Finanzamt alle Konten zwingend mitteilen. Das hat er mal in einer Vorlesung gehört. Also weiß er, daß hier bei diesen Eintragungen keine „Korrekturen“ zu seinen Gunsten vorgenommen werden können. Aber hier: Er soll auch alle Schenkungen seiner Oma an ihn innerhalb der letzten zehn Jahre angeben.

Da sträuben sich Emil Enkel die Nackenhaare. Sollten denn jetzt auf einmal alle Geldschenkungen von Oma etwa mit in die Erbmasse einfließen und womöglich noch im nachhinein versteuert werden müssen? „Das wäre ja nicht auszudenken, was dann noch für Erbschaftsteuerzahlungen auf mich zukommen!“ malt sich Emil Enkel aus.

Das Risiko ist Emil Enkel zu groß. Kurzerhand beschließt er, sich „blöd zu stellen“, was ihm auch nicht besonders schwer fällt, und gibt keine der Geldschenkungen der letzten 9 Jahre von insgesamt 145.000 DM in der Erbschaftsteuererklärung für seine verstorbene Oma an. Das Vermächtnis gegenüber dem Tierschutzverein vergißt er freilich nicht und freut sich, der Abgabefrist der Erbschaftsteuererklärung gegenüber dem Finanzamt sogar noch einen Tag vor Ablauf nachgekommen zu sein.

Fazit:

Emil Enkel macht innerhalb der Erbschaftsteuererklärung vorsätzlich falsche Angaben: Er verheimlicht dem Finanzamt gegenüber die nicht unerheblichen Geldzuwendungen seiner Oma von 145.000 DM.

Diese Geldzuwendungen sind jedoch grundsätzlich dem steuerpflichtigen Erwerb durch Erbanfall hinzuzurechnen, da sie innerhalb der letzten zehn Jahre vor dem Tod der Oma dem Emil Enkel ausgehändigt wurden. Als Waisenkind steht ihm der große Freibetrag von 400.000 DM zur Verfügung. Folglich übersteigt sein Erwerb durch Erbanfall bereits um 50.000 DM diesen Freibetrag, und die nicht angegebenen Geldzuwendungen der letzten zehn Jahre vor dem Tod der Oma werden vollkommen der Besteuerung entzogen. Somit liegt diesbezüglich eine Erbschaftsteuerverkürzung vor.

Indem Emil Enkel sich absichtlich „blöd stellen“ wollte, ist die Steuerverkürzung auch vorsätzlich erfolgt. Rechtfertigungs- oder Schuldausschließungsgründe sind nicht ersichtlich. Daher hat sich Emil Enkel wegen Steuerhinterziehung strafbar gemacht.

94. Rückdatierung von Verträgen

„Gerade noch mal Glück gehabt!" dachte sich der findige Steuerzahler Oskar Laterne. Er hatte seit November 1998 versucht, für sein Beerdigungsinstitut einen Käufer zu finden. Angesichts der stagnierenden Konjunktur und des nicht immer überall akzeptierten gesellschaftlichen Ansehens eines Bestatters war es doch nicht so einfach gewesen, im alten Jahr noch einen Käufer zu finden, wo doch in der Presse und im Fernsehen bereits die Folgen der geplanten Steuerreform absehbar waren:

So wollten die Politiker doch tatsächlich den bei der Veräußerung seines Bestattungsunternehmens entstehenden Gewinn so mir-nichts-dir-nichts der vollen Versteuerung unterwerfen – und dies, obwohl er, Oskar Laterne, immer ehrlich seine Buchführung vorgenommen und seine Steuern bezahlt hat. Das ging ihm zu weit. Eigentlich wollte er erst zwei Jahre später seinen Familienbetrieb mangels männlichen Nachwuchses veräußern und sich selbst zur Ruhe setzen, doch die Herren Politiker ließen ihm keine andere Wahl: Er wollte unbedingt noch nach altem Steuerrecht in 1998 veräußern, um sich den halben Steuersatz auf den Veräußerungserlös zu sichern. Daher begann er zwar frühzeitig, einen angemessenen Unternehmensnachfolger zu suchen, wurde aber trotz aller Mühen und sogar unter Hinzunahme eines auf Beerdigungsinstitute spezialisierten Maklers nicht mehr in 1998 fündig.

Wie es der Zufall so wollte, lernte er in der Karnevalszeit an Altweiber den ersten ernstzunehmenden Bewerber um sein Beerdigungsinstitut, den B. Statter, kennen, dem er auch sogleich nach dem dritten Glas Kölsch und dem zweiten Schnaps den Zuschlag erteilte. Über den Kaufpreis war man sich indes auch schnell einig geworden. Herr Statter war schon längere Zeit auf der Suche nach einem eigenen Betrieb in der Beerdigungsbranche – war er doch die Knechterei seines alten Chefs schon lange leid und hatte er zwischenzeitlich alle Voraussetzungen zum Führen eines Bestattungsinstituts erworben. Dennoch war Oskar Laterne nicht hundertprozentig glücklich: Denn immerhin sollte er jetzt in 1999 den Veräußerungsgewinn seines in jahrzehntelanger schwerster Arbeit aufgebauten Geschäfts nicht mehr dem begünstigten halben Steuersatz nach alter Regelung unterwerfen dürfen. Doch nach dem fünften Kölsch und dem vierten Schnaps hatte Oskar Laterne auch hierfür eine Lösung gefunden: Der Übertragungsvertrag des Beerdigungsinstituts sollte einfach auf Mitte Dezember 1998 zurückdatiert werden und als Übergangszeitpunkt den 31.12.1998 enthalten. Da B. Statter der Meinung war, daß es sich bei dem Kaufpreis um ein nicht wieder so vorkommendes Schnäppchen handle, fand er gegen den Vorschlag des Oskar Laterne keinen Widerspruch. Dergestalt wurden dann die „Formalitäten" auch unter dem Datum des 16.12.1998 „geregelt", wonach der Kaufpreis erst Ende Februar „wegen der für Banken erforderlichen Zeit" fällig sein sollte.

Fazit:

Der Vertrag wurde bewußt wahrheitswidrig durch Oskar Laterne zurückdatiert. Hierdurch gelangte er in den Begünstigtenkreis der Anwendung des halben Steuersatzes auf seinen Veräußerungserlös. Er hat also vorsätzlich in Höhe der Differenz zwischen dem halben Steuersatz und der neuen Besteuerungsregelung Steuern hinterzogen und sich somit wegen Steuerhinterziehung strafbar gemacht. Der Steuerzahlungsanspruch des Staates ist ein öffentlich-rechtlicher Anspruch, der im tatsächlichen Zeitpunkt des Geschehens, an das eine Steuerpflicht knüpft, verwirklicht wird. Daher kann er grundsätzlich nicht durch eine zivilrechtliche Vereinbarung durchbrochen werden. Die Unterschriftshandlung des B. Statter ist zumindest als strafbare Beihilfehandlung zur Steuerhinterziehung des Oskar Laterne zu würdigen.

95. Gewerbesteuerumgehung durch Angabe einer Tätigkeit, die angeblich noch in den freiberuflichen Bereich fällt

Wenn die Auftragslage als Freier Architekt mal nicht so ganz stimmt – was tun? Diese Frage stellte sich auch Albert Technikus, nachdem er einen Blick in die Auftragsbücher geworfen hatte. Eine Antwort fand er jedoch schnell: Er verabredete mit diversen Immobilienmaklern, daß er bei Verkaufsgesprächen mit Kunden als Architekt mit auftreten und beratend mittelbar auf diese einwirken sollte. Im Fall eines Verkaufs einer Immobilie würde dann Albert Technikus an den Provisionen, die die Kunden an die Immobilienmakler bezahlten, beteiligt werden.

Da jedoch dem Architekten Albert Technikus alsbald klar war, daß diese Form des Geldverdienens mehr mit dem Verkaufsgespräch als mit der Konstruktion von Immobilien zu tun hatte, sah er sich vor dem Schreiben seiner ersten Rechnung über anteilige Provision vor dem Problem des eventuellen Wegfalls seiner Freiberuflichkeit. Daß die Verkaufstätigkeit eines Immobilienmaklers gewerblich sein mußte, war ihm absolut einleuchtend. Daher hätte seine Beratungsfunktion bestimmt auch als nunmehr gewerbliche Tätigkeit zusätzlich noch die Gewerbesteuerpflicht nach sich gezogen. Aber als Freier Architekt dennoch gewerbesteuerpflichtig zu sein – nichts lag Albert Technikus ferner.

Rasch fand daher Albert Technikus nach anstrengenden Überlegungen die passende Lösung: In seinen Rechnungen gegenüber den Immobilienmaklern rechnete er fortan seine anteiligen Provisionen unter der Bezeichnung „Erstellung von Gutachten über Immobilienzustand Objekt....“ mit Stundensätzen ab. Als mal ein Immobilienmakler nachfragte und als Antwort bekam: „Dat ist nur wegen die Finanzamt!“ war dieser sogleich vollständig beruhigt – er kam ja wie vereinbart seiner Zahlungspflicht der anteiligen Provision nach, und ihm war es schließlich auch egal „welchen Namen das Kind hat“!

Fazit:
Der Freie Architekt Albert Technikus weiß genau, was er tun „darf“, um seine grundsätzliche Gewerbesteuerpflicht zu umgehen. Er schreibt

Scheinrechnungen an die Immobilienmakler über Tätigkeiten, die er so, wie er sie betitelt, nicht erbracht hat, um das wirkliche Rechtsgeschäft zu verdecken. Tatsächlich liegt jedoch in Form der wirklichen Vergütung durch Auszahlung einer anteiligen Provision eine eindeutig den gewerblichen Einkünften zuzuordnende Tätigkeit vor. Die Gewerbesteuerpflicht greift natürlich auf die tatsächliche Leistung durch – die deklarierte gutachterliche Tätigkeit ist hingegen unbeachtlich.

Sollten alle in einem Kalenderjahr aus dieser Verkaufstätigkeit bezogenen Einkünfte den persönlichen Gewerbesteuerfreibetrag von derzeit 48.000 DM übersteigen, so liegt nur in der übersteigenden Höhe eine Verkürzung an Gewerbesteuer vor, welche den strafrechtlichen Tatbestand der Steuerhinterziehung verwirklicht. Ein vorsätzliches Handeln liegt jedoch in jedem Fall vor. Es ergeben sich keinerlei Gesichtspunkte, die die Tat des Albert Technikus rechtfertigen noch sind Schuldausschließungsgründe ersichtlich.

96. Gewerbesteuer: Nichtangabe Dauerschuldzinsen bei Kontokorrent

Manfred Röhringer hatte sich als stolzer Neugründer der Firma Heizung & Sanitär Manfred Röhringer direkt zu Anfang seiner Karriere als Existenzgründer im Umweltschutzbereich schon mit den Tiefen der Gewerbesteuer zu beschäftigen: Hielt er soeben den ersten Gewerbesteuerbescheid seines Lebens über Vorauszahlungen für sein Einzelunternehmen verärgert in Händen. Hatte das Finanzamt doch tatsächlich bei der Bemessung des Gewerbeertrags die Hälfte der Zinsen für aufgenommene langfristige Verbindlichkeiten aus geschätzten Investitionskosten von 100.000 DM dem Gewinn bei der Bemessung des voraussichtlichen Gewerbeertrags hinzugerechnet.

Eine schnelle Rückfrage bei einem Steuerberater hatte direkt ergeben, daß diese Vorgehensweise des Finanzamts auch noch durchaus aufgrund der dort dargelegten Zahlen rechtens war. Die Frage nach dem Kriterium, was denn als Dauerschuldzinsen anzusehen sei, wurde von kompetenter Seite dergestalt beantwortet, daß in der Beratungspraxis zumeist alle Verbindlichkeiten, die nicht solche aus Kontokorrentkrediten des laufenden Geschäftskontos sind, als Dauerschuldzinsen anzusehen seien. Gerade bei Investitionen eines Existenzgründers würden diese im Regelfall nicht durch Kontokorrentkredite – wegen des höheren Zinssatzes – aufgenommen werden.

Nun beschloß Manfred Röhringer, sich hiergegen zu wehren: Er ging sofort zur Bank und handelte aus, daß zum kommenden Jahreswechsel sämtliche Verbindlichkeiten seines Einzelunternehmens auf die laufenden Kontokorrentkonten bei einem entgegenkommenden Zins der Bank umgeschuldet werden sollten. Hiermit war die Bank auch einverstanden, hatte doch so Röhringer bei jedem Kontoauszug vor Augen, wie hoch sich seine Verbindlichkeiten insgesamt belaufen und konnte die Bank auch höhere Zinsen verlangen. In der Bilanz seines Unternehmens wies er den Kontokorrentkredit als kurzfristige Verbindlichkeiten aus, wie es bei Geschäftskonten ja laut Auskunft durchaus üblich sei.

Bei der Abgabe seiner Gewerbesteuererklärung gab Manfred Röhringer getreu den Worten des Steuerberaters, daß zumeist Zinsen aus Kontokorrentverbindlichkeiten nicht Dauerschuldzinsen seien, als Gewerbeertrag nur seinen Gewinn ohne eine hälftige Hinzurechnung der gezahlten Zinsen des Kontokorrents an. Denn schließlich habe er ja keine anderen Zinsen als solche für Kontokorrentkredite in dem betreffenden Jahr aufgewandt.

Fazit:
Im vorstehenden Fall wußte Röhringer um die zwingende Hinzurechnung der hälftigen Dauerschuldzinsen zur Bemessung des Gewerbeertrags. Es mußte ihm auch von sich aus klar sein, daß im Fall einer reinen Umschuldung in Kontokorrentverbindlichkeiten nicht der eigentliche Charakter als Dauerschuld beeinflußt wird. Die Aussage des Steuerberaters deckt sich mit der Praxis vernünftiger Kaufleute: Wer weiß, daß er Kapital längerfristig benötigt, wird auf den zumeist teuren Kontokorrentzins dankend verzichten wollen und von vornherein eine längerfristige Laufzeit als ein Jahr vereinbaren. Es dürfte Röhringer jedoch auch bewußt geworden sein, daß sein Kontokorrent im Laufe des Jahres einen gewissen Negativsaldo nicht unterschritten hat. In genau dieser Höhe ist doch die Vermutung für eine längerfristige Verbindlichkeit nicht mehr von der Hand zu weisen.

Da diese Wertungen auch von einem Laien des Strafrechts erwartet werden dürfen (sog. Parallelwertung in der Laienssphäre), liegt eine vorsätzlich begangene vollendete Steuerhinterziehung vor.

97. Gewerbesteuer bei GmbH: Überhöhter Arbeitslohn an Lebensgefährtin

Siegfried Schlau als stolzer Neugründer und Ein-Mann-Gesellschafter der Schlau-GmbH hatte sich schon sehr lange über die Politik seiner Stadt geärgert: Wollte diese jetzt doch noch als Krönung schon wieder kräftig den Hebesatz bei der Gewerbesteuer erhöhen. „Mit mir nicht!" fiel ihm hierzu spontan ein.

So überlegte er hin und her, wie er denn in seiner Eigenschaft als Geschäftsführer den Gewinn seiner GmbH „drücken" könne, ohne offensichtlich in den Bereich verdeckter Gewinnausschüttungen vorzustoßen, was ja „sofort denen beim Finanzamt aufgefallen wäre". Schließlich kam ihm eine wie er meinte rettende Idee: Warum sollte er nicht einfach seiner ebenfalls bei der Schlau GmbH angestellten Lebensgefährtin Dipl.-Ing. Gisela Wissen das Gehalt um saftige 2.000 DM pro Monat und eine Gewinnbeteiligung erhöhen? Dies ließe sich doch bestimmt gegenüber dem Finanzamt vor dem Hintergrund rechtfertigen, daß „Frau Dipl.-Ing. Gisela Wissen noch mehr an die Schlau-GmbH aufgrund ihrer vorzüglichen Arbeitsleistungen gebunden und erfolgsgerecht entlohnt werden sollte".

Schließlich verdiente seine Lebensgefährtin Gisela Wissen sowieso bereits oberhalb der maßgeblichen sozialversicherungsrechtlichen Grenzen, so daß es hierauf nicht ankam, da keine Mehrbelastung an Sozialversicherungsabgaben entstehen konnte. Des weiteren entsprach der persönliche Steuersatz bei der Einkommensteuer von ihr durchaus dem seinigen, so daß so gesehen dem Siegfried Schlau auch keine Bedenken aufkamen. Intern vereinbarte er schließlich „der Gerechtigkeit halber" mit G. Wissen, daß sie nunmehr wegen der Lohnerhöhung die Miete der gemeinsamen Wohnung allein zu tragen habe und von der Gewinnbeteiligung die gemeinsamen Urlaube zum Wintersport bezahlen solle. Hiermit erklärte sich seine Lebensgefährtin durchaus einverstanden, wollte sie doch ihre Beziehung nicht gefährden und hatte nichts gegen eine staatliche Beteiligung an ihrem gemeinsamen Glück.

Fazit:
Auch wenn in der Praxis die vorgenannte Steuerbetrügerei schwere Beweisprobleme nach sich zieht, kann ein solches Vorgehen vom Standpunkt eines Strafrichters, der den gesamten Sachverhalt wie geschildert kennt, nicht ungesühnt bleiben.

Die Lohnerhöhung der Frau Dipl.-Ing. Gisela Wissen erfolgte nur zum Zweck der Gewinnsenkung der Schlau-GmbH, um somit eine Gewerbesteuerersparnis zu erzielen. Da diese Lohnerhöhung somit aus dem Grunde der erfolgreichen Verkürzung von Gewerbesteuer der Schlau-GmbH vorgenommen wurde, liegt eine vorsätzlich begangene und strafbare Steuerhinterziehung vor. Diese wird durch Schlau als gesetzlicher Vertreter der Schlau-GmbH kraft seiner Geschäftsführerstellung begangen. Gleichzeitig erfolgt durch ihn eine Steuerhinterziehung in Form der Verkürzung der Körperschaftsteuer der Schlau-GmbH, was bei der Bemessung des Strafmaßes außerdem zu berücksichtigen ist.

98. Gebäudeteil von „untergeordneter" Bedeutung

Endlich war es soweit: Nach Jahren der Büffelei an der Universität und der Behausung auf 12 qm im Studentenwohnheim konnte sich der Jungarzt Dr. Stefan Frank dank der gönnerischen Hilfe seiner Oma den Traum der eigenen Wohnung auf 150 qm in guter Lage zu 400.000 DM erfüllen. Da Dr. Stefan Frank jedoch fünf Jahre später in seiner inzwischen eigenen Praxis seinem Personal nicht über den Weg traute, führte er sämtliche organisatorische Tätigkeiten der Praxis wie seine eigene Buchführung und das Lohnabrechnungswesen eigens in einem hierzu extra eingerichteten und ausschließlich benutzten Arbeitszimmer von 15 qm in dieser eigenen Wohnung durch.

Selbstverständlich gab er die Kosten des Arbeitszimmers einschließlich der Absetzung für Abnutzung (AfA) gewinnmindernd in seiner Einnahme-Überschußrechnung an.

Da sich die Gewinne als Mediziner für Dr. Stefan Frank nachhaltig verbesserten, wurde weitere sieben Jahre später standesgemäß ein Eigenheim errichtet und die einstige Wohnung verkauft. Diese brachte einen guten – weil doch eigentlich steuerfreien (?) – Gewinn im Vergleich zum ursprünglichen Kaufpreis, denn zwischenzeitlich hatte die Wohnung einen Wertzuwachs von 10 % erfahren. Es stellte sich für Dr. Stefan Frank nur eine diese Aussichten trübende Frage:

Was sollte denn jetzt mit dem Arbeitszimmer der alten Wohnung geschehen – war es denn nicht dem notwendigen Betriebsvermögen der Praxis zuzurechnen und mußten dadurch nicht die angesammelten anteiligen stillen Reserven wegen der Veräußerung versteuert werden?

„Aber nein!" fiel Dr. Stefan Frank schnell die erlösende Antwort ein. Er hatte schließlich gelesen, daß sogenannte Grundstücksteile von untergeordneter Bedeutung mit einem Wert von bis zu 40.000 DM nicht als Betriebsvermögen behandelt werden müssen. Demgemäß müßte dann ja auch die Versteuerung der stillen Reserven entfallen, woraufhin diese von Dr. Stefan Frank in seiner Einnahme-/Überschußrechnung im Veräußerungsjahr auch nicht angesetzt wurden. Die zwischenzeitliche nicht unerhebliche Wertsteigerung der Wohnung hatte er hierbei zwar vor Augen, doch er ging wohlwollend gegenüber sich selbst davon aus, daß diese „bestimmt erst in den letzten Jahren" eingetreten sei. Somit würden die 40.000 DM auch 5 Jahre nach Erwerb sicherlich noch dem tatsächlichen Wert des Arbeitszimmers entsprechen.

Fazit:
So einfach kann es sich Dr. Stefan Frank nicht machen: Der Wert des Raums, in dem das Arbeitszimmer 5 Jahre später installiert wurde, hatte bereits im Zeitpunkt des Kaufs der Wohnung einen Wert von 40.000 DM. So wird in jedem Fall eine Wertsteigerung bis zur Nutzung als Arbeitszimmer zu verzeichnen gewesen sein. Daher konnte Dr. Stefan Frank die Vereinfachungsregel des Grundstücksteils von untergeordneter Bedeutung keinesfalls in Anspruch nehmen. Somit stellt das Arbeitszimmer durch seine ausschließliche betriebliche Nutzung notwendiges Betriebsvermögen dar. Hierdurch müssen zwingend sämtliche stillen Reserven gewinnerhöhend aufgedeckt werden. Daß dieser Sachverhalt Dr. Stefan Frank klar gewesen sein muß, kann problemlos unterstellt werden. Daher hat er sich durch die Nichtversteuerung der stillen Reserven aus dem Arbeitszimmer wegen Steuerhinterziehung strafbar gemacht, zumal er auch als Laie von einer Wertsteigerung ausgehen mußte. Zumindest nahm er diese Möglichkeit billigend in Kauf.

99. Arbeitsgemeinschaft

Gildo Petri ist erfolgreicher Friseur. Vor drei Jahren hat er seine Ausbildung beendet und strebt nun den Aufstieg zum Friseurmeister an. Dazu büffelt er in den Abendstunden an einer Meisterschule von dienstags bis freitags. Diese doch recht anstrengende Abendschule ist für Gildo Petri doch schon des öfteren ein Grund zum Haare raufen geworden.

Um hierfür wenigstens einen angemessenen Ausgleich zu haben, treffen sich einige der Meisterschüler jeden Montag abend zur „Arbeitsgemeinschaft Blau-Weiß“: Sie fahren mit dem Auto hin und nehmen dann nach ein paar Bierchen in fröhlicher Runde das Taxi zurück!

Diese „Arbeitsgemeinschaft“ findet reihum statt. Tatsächlich werden dort zwar auch Themen der Meisterprüfung am Rande mit angeschnitten, sie treten jedoch in der von Frohsinn geprägten Runde sehr stark in den Hintergrund. Dennoch bescheinigen sich alle Teilnehmer der „Arbeitsgemeinschaft Blau-Weiß“ gegenseitig für Zwecke der Geltendmachung als Fortbildungskosten im Rahmen der Einkommensteuererklärung die Teilnahme.

So gelangt Gildo Petri dann auch im Rahmen der Ermittlung seiner Werbungskosten auf Fahrtkosten zur und von der Arbeitsgemeinschaft über insgesamt 2.000 Kilometer, die er erfolgreich zum Ansatz bringt.

Fazit:
Die vom Friseur Gildo Petri mit seinen Meisterschulkameraden durchgeführte „Arbeitsgemeinschaft Blau-Weiß“ ist bei tatsächlicher Betrachtung eindeutig überwiegend privat veranlaßt. Insofern scheidet von vornherein eine Berücksichtigung der Fahrtkosten zur und von der Arbeitsgemeinschaft als Werbungskosten aus.

Daher erfolgt in Höhe der auf die Kosten der Arbeitsgemeinschaft entfallenden Steuerbeträge eine Verkürzung an Einkommensteuerbeträgen. Die Angabe der offensichtlich privat veranlaßten Fahrtkosten als Kosten der Arbeitsgemeinschaft erfolgte in der Steuererklärung durch Gildo Petri vorsätzlich. Somit hat sich Gildo Petri wegen Steuerhinterziehung strafbar gemacht.

Abkürzungsverzeichnis

Abs.	Absatz
Abschn.	Abschnitt
AfA	Absetzung für Abnutzung
Anm.	Anmerkung
a.o.	außerordentlich
Az.	Aktenzeichen
BdF	Bundesminister der Finanzen
BerlinFG	Gesetz zur Förderung der Berliner Wirtschaft (Berlinförderungsgesetz)
BFH	Bundesfinanzhof
BFH/NV	Sammlung amtlich nicht veröffentlichter Entscheidungen des Bundesfinanzhofs
BMF	Bundesminister der Finanzen
BStBl	Bundessteuerblatt
bzw.	Beziehungsweise
ca.	cirka
dgl.	dergleichen
d.h.	daß heißt
DStR	Deutsches Steuerrecht
EFG	Entscheidungen der Finanzgerichte (Fachzeitschrift)
EStDV	Einkommensteuer-Durchführungsverordnung
EStG	Einkommensteuergesetz Einkommensteuer-Handbuch 1993 (Einkommensteuer-Richtlinien und Hinweise zu den Richtlinien)
EStR	Einkommensteuer-Richtlinien
EigZulG	Eigenheimzulagengesetz
FG	Finanzgericht
FM	Finanzministerium
ggf.	gegebenenfalls
H	Hinweisabschnitt zu den Einkommensteuer-Richtlinien
i.a.	im allgemeinen
i.d.R.	in der Regel
i.S.d.	im Sinne des
InvZulG	Investitionszulagengesetz
LStDV	Lohnsteuer-Durchführungsverordnung
LStR	Lohnsteuer-Richtlinien
lt.	laut
MwSt	Mehrwertsteuer
o.a.	oben angegeben
OFD	Oberfinanzdirektion
R	Richtlinien
Rz.	Randziffer
s.	siehe
S.	Seite
sog.	sogenannte(r,s)
s.o. / s.u.	siehe oben / siehe unten
StR 1	Steuerrichtlinien 1 (Loseblatt-Textausgabe, Rudolf Haufe Verlag, Freiburg)
StR 2	Steuerrichtlinien 2 (Loseblatt-Textausgabe, Rudolf Haufe Verlag, Freiburg)
Tz.	Textziffer
u.a.	unter anderem
u.ä.	und ähnliches
Verf.	Verfügung
vgl.	vergleiche